CHEF OROPEZA
MÉXICO SALUDABLE I

TODOS LOS CAMINOS LLEVAN A LA MESA

Alfredo Oropeza

PARTE I

Registra tu libro en:
www.cheforopeza.com.mx

Contenido

El Compromiso

La cocina para mí es expresión, un lenguaje, una manera de compartir experiencias y de transmitir emociones que de otra manera no podría realizar. Los sartenes, hornillas, especias, y la inmensa alacena de ingredientes del mundo son las herramientas que utilizo para relacionarme con la gente, son mi "*link*" a la realidad. Y porque es desde ahí donde puedo comenzar mi relación con el entorno, hace muchos años establecí un compromiso que hoy en día se vuelve más real que nunca: desarrollar recetas saludables, fáciles y deliciosas.

Pero este compromiso no lo tomé solo. En el camino conocí gente e instituciones que compartían esta visión de mejorar la salud y la alimentación de los mexicanos; en este viaje coincidí con **MSD**, una empresa que participa en la preservación y prolongación de la vida humana, creando una cultura que promueve el compromiso, la pasión y la responsabilidad con los desafíos que impone el mundo contemporáneo.

Con **MSD** emprendimos esta cruzada desde hace varios años. Un recorrido compartido en libros, internet y muchas vías más con el objetivo de llevar a la mano de la mayor cantidad de mexicanos los mejores platillos.

La receta: **SABOR y SALUD**.

Porque en el segundo país con mayor índice de obesidad a nivel mundial y el terrible crecimiento en las enfermedades que de este problema derivan, nos comprometimos a ser conscientes de la responsabilidad histórica que tenemos en hombros y la asumimos brindando un producto que al mismo tiempo sea un servicio capaz de llevar a su mesa y corazones placer, felicidad, alegría y salud. En resumen, una experiencia de los sentidos que se volviese contagiosa para todos los mexicanos y que marcara a sus seres queridos con gratos recuerdos que se volverán buenos hábitos y, en definitiva, una mejor alimentación para nosotros los mexicanos.

Gracias a **MSD** por el compromiso que compartimos y por sumarse a la aventura de recorrer el país más hermoso del mundo, buscando la mejores recetas y transformándolas en banquetes de bienestar.

Glosario

ACHIOTE *Color*

BENEFICIOS: Ayuda en la prevención del cáncer de próstata
Es un antioxidante, diurético y desinflamatorio
Se hace una pasta. Se utiliza en quemaduras y ampollas

USOS: Camarones Tikin Xic, Salbutes, Cochinita Pibil, etc.

AGUACATE *Siempre joven*

BENEFICIOS: Importante antiedad
Reduce el colesterol malo y cuida el corazón
Vitamina E que ayuda a lucir una piel joven y sana

USOS: Guacamole, Tortas de Pulpo, Tortas Ahogadas

AJO *Fortalece*

BENEFICIOS: Incrementa las defensas del organismo
Es antiinflamatorio
Protege el corazón y las arterias, dándoles mayor flexibilidad y manteniéndolas libres de depósitos de colesterol
Ayuda a combatir el estrés y la depresión

USOS: Carne en su Jugo, Corundas, Barbacoa en Olla Exprés

AJONJOLÍ *Afrodisiaco*

BENEFICIOS: Tiene grandes cantidades de calcio para evitar la osteoporosis
Contiene ácidos grasos saludables
Disminuye el insomnio

USOS: Birria, Mole Poblano, Mole Verde

ALMENDRA *Proteínas vegetales*

BENEFICIOS: Ayuda a la digestión y da sensación de saciedad
Rica en proteínas vegetales, calcio y hierro que ayudan al crecimiento

USOS: Mole Poblano, Mole Coloradito, Estofado Almendrado

AMARANTO *Ideal para el crecimiento*

BENEFICIOS: Contiene una gran cantidad de proteínas de origen vegetal, calcio que ayuda a prevenir la osteoporosis, sobre todo en mujeres embarazadas; es ideal para los niños ya que ayuda en su crecimiento

USOS: Cheesecake con Ate y Amaranto, Alegrías

APIO *Antiestresante*

BENEFICIOS: Bueno para combatir las reumas, artritis y gota
Es un alimento tranquilizante
Diurético
Ayuda a la circulación de la sangre
Es bueno contra la gripa y la congestión nasal

USOS: Crema de apio

AZÚCAR MASCABADO *Endulzar y dar sabor*

BENEFICIOS: Rica en sales minerales que ayudan a tus músculos
Ideal para endulzar alimentos ya que sus propiedades no han sido modificadas como en el azúcar refinada, que los hace más saludables

USOS: Agua de Jamaica con Limón, Jugo de Piña y Chaya, Langostinos al Chipotle

---

BERROS *Refrescan la voz*

BENEFICIOS: Ricos en potasio y calcio
Ayudan a aclarar la voz, con una sensación de frescura, reducen la hipertensión, colesterol y previenen el cáncer, la gota y la artritis
Evita los calambres y la sensación de fatiga

USOS: Ensalada de Berros con Vinagreta de Miel y Limón

CACAHUATES *Vitamina D = crecimiento*

BENEFICIOS: Son muy nutritivos tanto crudos como tostados
Eliminan el colesterol malo
Previenen la hipertensión arterial
Ayudan en la formación de huesos y la fijación del calcio

USOS: Botana de Papas y Cacahuates

CACAO *¡Inteligencia!*

BENEFICIOS: Ayuda en las actividades cerebrales
Combate la tristeza y la depresión
Fuente de vitaminas para el crecimiento
Segrega endorfinas
Es diurético

USOS: Chocolate Caliente

CAFÉ *Cuida tu hígado*

BENEFICIOS: La cafeína te protege contra la cirrosis
Previene el cáncer de hígado, el parkinson y la diabetes

USOS: Semifredo de Café, Café Lechero y Ensalada con Vinagreta de Café

CAJETA *Una cucharada de calcio*

BENEFICIOS: Contiene gran cantidad de calcio, fósforo y potasio que ayudan al crecimiento de los huesos

USOS: Crepas de Cajeta, Churros con Chocolate

CALABAZA *Ayuda al corazón*

BENEFICIOS: Reduce el azúcar en la sangre
Antidiurético, antioxidante, previene el cáncer

USOS: Espuma de Tequila a los Aromas Mexicanos, Ravioles de Calabaza a los Tres Quesos, Rajas Aguadas

CANELA *Ayuda a la circulación sanguínea*

BENEFICIOS: Facilita la digestión
Estimula el apetito
Impide enfermedades respiratorias, ayuda contra la mala circulación

USOS: Agua de Horchata y Vainilla, Mole Coloradito, Chiles Pasilla Rellenos

---

CARAMBOLO *Vista de águila*

BENEFICIOS: Se recomienda sea consumida por personas que sufren de anemia y estreñimiento
Contribuye en la reparación de las células de la piel y a tener una buena vista
Ayuda en la formación de colágeno, huesos y dientes

USOS: Jugo de Naranja con Carambolo, Melón y Mango

CEBOLLA *Enfermedades respiratorias*

BENEFICIOS: Estimula el apetito
Ayuda al sistema digestivo
Previene enfermedades respiratorias (resfriado, gripe y tos)
Vitaminas A y C que eliminan radicales libres responsables del envejecimiento celular

USOS: Tacos al Pastor, Cecina, Pasta con Frutos del Mar

CHAMPIÑONES *Fuente de potasio*

BENEFICIOS: Excelente fuente de potasio; ayuda al desarrollo de huesos y la producción de leche materna
Refuerzan el sistema inmunológico, ayudan a prevenir el cáncer de mama y de próstata
Son antioxidantes
Fuente de proteínas vegetales

USOS: Pizza de Langosta, Quesadilla de Hongos

CHAYA *Reduce peso*

BENEFICIOS: Rica en vitamina A y hierro que colaboran en el transporte de oxígeno en la sangre
Mejora la circulación sanguínea
Ayuda a la digestión y a la visión
Baja el nivel de colesterol y ayuda a reducir peso

USOS: Jugo de Piña y Chaya, Pastelito Tibio de Vainilla con Salsa de Chaya y Fruta de la Pasión

---

CHÍA *Controla el apetito*

BENEFICIOS: Ayuda a reducir el colesterol malo y a controlar el apetito
Regula la coagulación de la sangre
Regenera los tejidos, células de la piel, membranas, mucosas y nervios
Ayuda al crecimiento y es muy bueno tomarla durante el embarazo y la lactancia

USOS: Agua de Limón con Chía

CHAYOTE *Buena circulación*

BENEFICIOS: Bajo en calorías
Contiene antioxidantes
Vitamina C para evitar enfermedades respiratorias
Comerlo ayuda a tener una buena circulación sanguínea

USOS: Rajas Aguadas, Mole Chichilo

CHÍCHAROS *Combate el estrés*

BENEFICIOS: Ricos en ácido fólico para la formación de la piel, pelo y uñas
Buenos para combatir el estrés y la tensión
Ayudan a la digestión

USOS: Tamal de Cambray

CHILE *Antiinflamatorio y analgésico*

BENEFICIOS: Vitaminas A, B6, C, que se recomiendan para combatir la anemia
Ayuda en la absorción del hierro que contienen los cereales y legumbres
Quema grasas
Combate el cáncer de próstata y de páncreas
Disminuye el riesgo de diabetes
Contiene propiedades antiinflamatorias y analgésicas

USOS: Huevos con Machaca y Tortillas a Mano

CHILE ANCHO *Auxiliar en la visión nocturna*

BENEFICIOS: Ayuda a la visión, a la protección de la piel y al crecimiento

USOS: Cochito Horneado y Chilpachole de Jaiba

CHILE DE ÁRBOL *Mejora la visión nocturna*

BENEFICIOS: Rico en vitamina B, es esencial para la producción de energía del cuerpo

USOS: Tacos al Pastor

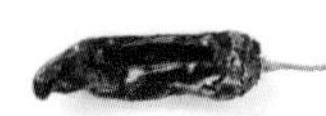

CHILE GUAJILLO *Te sentirás como nuevo*

BENEFICIOS: Contiene vitaminas C y A, indispensables para combatir enfermedades respiratorias, y colabora en el crecimiento

USOS: Medallones con Chile Guajillo y Chilpachole de Jaiba

CHILE GÜERO *Aporta vitamina C*

BENEFICIOS: Fuente importante de vitamina C que favorece la absorción de hierro, y colágeno que ayuda a la firmeza de los tejidos

USOS: Sopa de Lima

CHILE HABANERO *Fuente de juventud*

BENEFICIOS: Ayuda a combatir el dolor, aliviar migrañas y prevenir algunos tipos de cáncer, como de intestino, colon y estómago
Contiene antioxidantes

USOS: Ensalada de Pato con Chutney de Mamey y Habanero, Sopa de Lima, Camarones Tikin Xic

---

CHILE JALAPEÑO *Si lo consumes fresco acelera tu metabolismo*

BENEFICIOS: Ayuda a quemar grasas

USOS: Se utiliza también al ahumarlo como chile chipotle y lo encontramos en Langostinos al Chipotle

---

CHILE MORITA *Revitalizador*

BENEFICIOS: Tiene propiedades antiinflamatorias y analgésicas

USOS: Pierna de Cerdo en Chile Morita

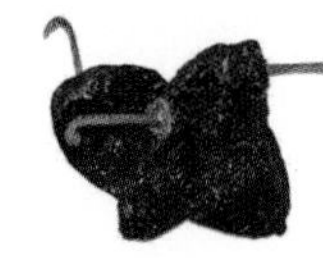

CHILE MULATO *Refuerza tu sistema inmunológico*

BENEFICIOS: Disminuye la cantidad de colesterol en la sangre

USOS: Estofado Almendrado

CHILE PASILLA *Te sentirás contento*

BENEFICIOS: Se usa contra el dolor de muelas y la migraña

USOS: Estofado Almendrado

CHILE PIQUÍN *Para que tengas los dientes y huesos que te mereces*

BENEFICIOS: Una cucharita de chile piquín en polvo contiene la dosis diaria recomendada de vitamina A para el crecimiento de los huesos

USOS: Michelada, Gazpacho de Frutas

CHILE POBLANO *Para una buena circulación*

BENEFICIOS: Rico en vitamina C para prevenir enfermedades respiratorias
Contiene calcio, fósforo y hierro para el crecimiento y la circulación de la sangre
Es antioxidante

USOS: Spaghetti con Pollo al Pesto de Poblano, Chiles en Nogada, Tostadas con Pollo y Pesto de Poblano

---

CHILE SERRANO *Para que seas un buen deportista*

BENEFICIOS: Rico en vitaminas A, C y potasio para evitar calambres, y para tener huesos fuertes

USOS: Chilaquiles Verdes con Pargo, Arroz a la Tumbada, Tártara de Atún

---

CHILE XCATIC *Para que te sientas joven por mucho tiempo*

BENEFICIOS: Desacelera el proceso del envejecimiento

USOS: Pescado Tikin Xic

CHOCOLATE *Presión arterial*

BENEFICIOS: Dilata tus arterias disminuyendo la presión arterial
Combate el estrés
Estimula la función cerebral

USOS: Mole Poblano, Semifredo de Chocolate y Café

CILANTRO *Contra las bacterias*

BENEFICIOS: Contiene propiedades antibacterianas
Se utiliza como diurético
Excelente para la digestión

USOS: Mole Verde, Guacamole, Tacos de Tasajo, Tamal de Cambray, Hamburguesa de Embutidos sobre Cama de Lechugas y Chutney de Mango

---

CIRUELA *Sin anemia*

BENEFICIOS: Contiene potasio y calcio para el crecimiento de los huesos
Colabora con la digestión
Estimula las secreciones biliares
Contiene vitamina A, C y E para la piel, los huesos y el corazón

USOS: Ensalada de Berros con Vinagreta de Miel y Limón, Dip de Ciruela, Jitomate y Chipotle

---

COL *Desintoxica*

BENEFICIOS: Alto contenido en vitamina C, A y provitamina A, las cuales al estar juntas tienen propiedades desintoxicantes
Ayudan en la prevención del cáncer
Recomendable consumirla durante el embarazo para evitar anemia

USOS: Ensalada de Col con Cacahuates y Vinagreta de Miel y Mostaza

---

DURAZNO *Tonifica al organismo*

BENEFICIOS: Ayuda a la digestión
Ayuda a prevenir la aparición de várices
Es rico en provitamina A que tiene un efecto tonificante en el organismo

USOS: Te recomiendo probar esta deliciosa receta: Chiles en Nogada

---

EPAZOTE *Cólicos*

BENEFICIOS: Controla padecimientos digestivos
Ayuda a eliminar la formación de parásitos

USOS: Trucha Empapelada a la Parrilla, Quesadilla de Hongos, Rajas Aguadas

ESPINACA + *Hierro*

BENEFICIOS: Ayuda a la visión
Es bueno comerla cuando se tiene anemia y durante el embarazo
Contiene minerales como potasio y magnesio para el crecimiento
USOS: Disfruta esta receta de Chalupas Gourmet con Pato

FLOR DE CALABAZA *Salud de la piel*

BENEFICIOS: Recomendable durante el crecimiento y para combatir problemas de osteoporosis
Alto contenido en vitamina A que ayuda a la salud de la piel y la visión
USOS: La encontrarás en esta deliciosa receta de Rajas Aguadas

---

FRESA *Refrescante*

BENEFICIOS: Baja en calorías. Rica en vitamina C para prevenir enfermedades respiratorias
Regula las funciones intestinales
Aporta una sensación refrescante
USOS: Postre de Frutos del Bosque, Semifredo de Café

FRIJOL *Proteínas vegetales*

BENEFICIOS: Puedes combinarlo con cereales para complementar sus beneficios
Es rico en fibra
Calcio para el crecimiento
Hierro para la circulación de la sangre
USOS: Entre los más utilizados son los frijoles bayos, ayocotes, negros
Puedes preparar Enchiladas en Salsa de Frijol, Pan de Cazón, Panuchos

---

FRIJOL NEGRO *Hierro y proteína*

BENEFICIOS: Propiedades inhibitorias en el desarrollo de células cancerígenas
USOS: Tacos de tasajo, Frijoles con Chipile

GARBANZO *Calcio*

BENEFICIOS: Rico en calcio, para el crecimiento de los huesos
Se recomienda a personas con hipertensión y diabetes
USOS: Botanas de Papas y Cacahuates

GUANÁBANA *Vitamina E*

BENEFICIOS: Contiene vitamina E que previene el crecimiento de células cancerígenas

USOS: Helado de Guanábana

HABA *Energía*

BENEFICIOS: Alto contenido de fibra
Contribuye a la digestión
Aporta proteínas vegetales

USOS: Una forma diferente de probarlas es en unas ricas Botanas Enchiladas

---

HIERBABUENA *Sin tensión*

BENEFICIOS: Ayuda a evitar tensión nerviosa
Favorece una buena digestión
Es ideal para preparar una infusión relajante

USOS: Molito de Hierbabuena de la Mixteca, Arroz a la Tumbada, Mojito de Mandarina

---

HIGO *Fibra + potasio*

BENEFICIOS: Alto contenido en fibra y potasio para reducir el colesterol y evitar enfermedades del corazón
Seco es rico en potasio, magnesio y hierro para la buena circulación y evitar calambres

USOS: Pizza de Higos con Jamón Serrano, acompáñala con la Ensalada de Berros y Vinagreta de Miel y Limón

---

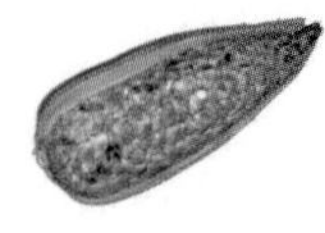

HUITLACOCHE *Vitamina B*

BENEFICIOS: Contiene un alto grado de antioxidantes
Vitaminas del complejo B (B1, B2 y B6) para el buen funcionamiento del sistema nervioso
Sales minerales: fósforo, potasio, hierro, cobre, magnesio y zinc, que ayudan al desarrollo muscular

USOS: Dobladitas de Huitlacoche con Epazote

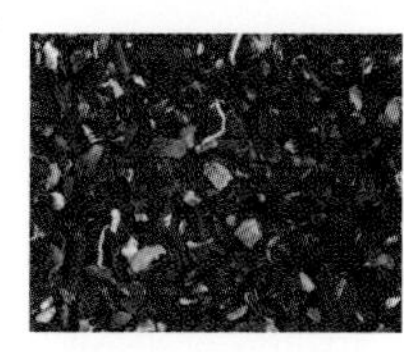

JAMAICA *Diurético*

BENEFICIOS: Diurético
Desinflama encías
Reduce niveles de colesterol
Reduce la hipertensión

USOS: Mojito de Jamaica, Agua de Jamaica con Limón, Ensalada de Flor de Jamaica con Vinagreta de Jengibre

---

JITOMATE *Antiinflamatorio + potasio*

BENEFICIOS: Ayuda a prevenir el cáncer de próstata
Diurético
Antiarrugas
Es antioxidante

USOS: Chalupas de Pato

LAUREL *Antiséptico*

BENEFICIOS: Tiene propiedades astringentes
Funciona como estimulante
Contiene propiedades antisépticas y digestivas

USOS: Arroz a la Tumbada, Pierna de Cerdo en Chile Morita, Trucha

---

LECHUGA *Hierro*

BENEFICIOS: Alto contenido en agua y baja en calorías
Contiene potasio
Mientras más verde oscuro es contiene más nutrientes, como el hierro para la circulación de la sangre

USOS: Ensalada de Flor de Jamaica con Vinagreta de Jengibre, Ensalada de Supremas de Cítricos con Vinagreta de Canela, Torta de Pulpo

---

LIMA *Estimula*

BENEFICIOS: Estimula el sistema inmunológico
Contiene potasio para evitar calambres
Beneficia a los tejidos del aparato digestivo

USOS: Ensalada de Supremas de Cítricos con Vinagreta de Canela, Rasurado de Caracol, Sopa Aromática de Lima

LIMÓN *Sin colesterol*

BENEFICIOS: Tiene alto contenido en vitamina C para la gripa
Funciona como antioxidante
Ayuda a reducir el nivel de colesterol malo

USOS: Tacos al Pastor, Jugo de Piña y Chaya, Sopa de Xtabentún, Gazpacho de Frutas

---

MAÍZ *Diurético + fibra*

BENEFICIOS: Fácil digestión
Diurético, y excelente para la hipertensión
Alto contenido en fibra
Beta-caroteno (prevención del cáncer)
Vitaminas A, B1, B3 ,B9 y E (sistema nervioso)
Alto contenido de energía (carbohidratos)

USOS: Chalupas, Tamales de Chipilín, Tamal de Cambray, Trío de Enchiladas, Pastel de Elote con Rompope

VARIEDADES: Entre ellas encontramos maíz dulce, el maíz cacahuazintle que se usa para el pozole, maíz cambray, maíz para palomitas, etc.

MANDARINA *Vitamina C*

BENEFICIOS: Vitamina C para la gripa y tos
Beneficia a los vasos sanguíneos
Por ser menos ácida que otros cítricos el organismo la asimila mejor

USOS: Ideal para un jugo por la mañana, Mojito de Mandarina, Espuma de Tequila a los Aromas Mexicanos

---

MANGO *Combate la hipertensión*

BENEFICIOS: Vitamina C, previene alergias, baja niveles de colesterol e hipertensión
Antioxidante
Protege tu piel y el cabello

USOS: Hamburguesa de Embutidos con Chutney de Mango, Jugo de Naranja, Carambolo y Mango

MANZANA *Adelgaza*

BENEFICIOS: Es baja en calorías
Alto contenido en potasio y fibra
Previene caries

USOS: Chiles en Nogada, Jugo Energético, Chileajo Costeño

MEJORANA *Buena digestión*

BENEFICIOS: Entre sus propiedades encontramos que funciona como sedante y antiespasmódico
Ayuda en el proceso digestivo

USOS: Sopa de Betabel Rostizado con Queso de Cabra, Chiles en Nogada y Alcachofas a la Parrilla

---

MELÓN *Ayuda a tu riñón y vejiga*

BENEFICIOS: Vitamina C, auxiliar contra enfermedades respiratorias
Mejora tu sistema digestivo
Estimulante para el riñón
Laxante ligero

USOS: Coctel de Frutas con Yogurt de Menta y Miel

MENTA *Combate el estrés*

BENEFICIOS: Rica en aceites naturales (mentol, mentona, acetato de mentil)
Ayudan en la digestión
Calmante para el estómago
Ayuda a desinflamar la vejiga
Útil contra espasmos del intestino y colon
Combate dolores de cabeza por tensión nerviosa

USOS: Coctel de Frutas con Yogurt de Menta y Miel

MEZCAL *Oaxaca*

QUE ES: Originario de Oaxaca, México, es un destilado que se prepara a partir del agave. Se produce mediante la cocción de lo que se llama "la piña", que es el corazón del agave y tiene forma de piña; después pasa por un proceso de prensado y fermentación; la destilación en el alambique es lo que se conoce como mezcal

BENEFICIOS: Contribuye a disminuir la irritación de la garganta y enfermedades respiratorias

USOS: Plátanos al Mezcal sobre Horchata con Vainilla

MIEL DE ABEJA *Combate la tos y el dolor de garganta*

BENEFICIOS: Ayuda a combatir úlceras en el estómago
Combate tos e irritación de garganta
Eficaz expectorante (ayuda a liberar flemas de las vías respiratorias)
Acelera la curación y reduce las cicatrices

USOS: Ensalada de Berros con Vinagreta de Miel y Limón

NARANJAS *Vitamina C*

BENEFICIOS: Vitamina C contra la gripa y la tos
Excelente para absorción de hierro
Bueno para problemas de bronquitis
Combate infecciones y mejora la circulación
Su jugo combate enfermedades coronarias, hipertensión y retención de fluidos

USOS: Pescado Tikin Xik, Salbutes, Sopa de Xtabentún, Tatemado

---

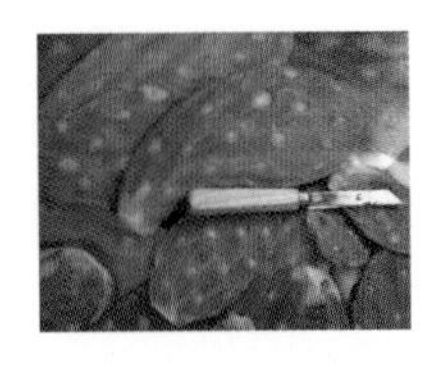

NOPAL *Mejora tu sistema digestivo*

BENEFICIOS: Alto contenido en fibra, previene y alivia el estreñimiento y las hemorroides
Previene la aparición de cáncer de colon
Buena fuente de calcio
Se recomienda para personas con diabetes

USOS: Ensalada de Nopal, Jugo de Nopal y Piña

NUEZ *Botana saludable*

BENEFICIOS: Vitamina E, ayuda a la regeneración de la piel
Ayuda en actividades cerebrales, como la buena memoria

USOS: Crepas de Cajeta, Ensalada de Dupremas de Cítricos con Vinagreta de Canela, Mole Poblano, Chiles en Nogada

---

ORÉGANO *Combate problemas respiratorios*

BENEFICIOS: Acción antiséptica para combatir problemas respiratorios (asma, tos, bronquitis)
Remedio contra la ansiedad y el nerviosismo

USOS: Pozole de Mariscos, Ensalada de Pozole y Tatemado

PAPA *Energía*

BENEFICIOS: Alto contenido en fibra
Combate úlceras estomacales
Alimento ideal para enfermos con problemas digestivos, fatiga y anemia

USOS: Tamal de Cambray, Chupito de Papa, Botana de Papas y Cacahuates

---

PAPAYA *Beta-caroteno + fibra*

BENEFICIOS: Potasio + Vitamina C = formación de huesos, dientes y glóbulos rojos
Excelente fuente de fibra
Contiene caroteno, que ayuda a tener una buena visión

USOS: Coctel de Frutas con Yogurt de Menta y Miel, Dulce de Papaya, Ensalada con Vinagreta de Café

PASAS *Combate la retención de fluidos y estreñimiento*

BENEFICIOS: Rica en azúcares naturales (glucosa y fructosa)
Alto contenido de fibra y potasio
Excelente fuente de energía que combate la anemia y la fatiga

USOS: Chiles en Nogada, Alegrías, Chiles Pasilla Mixe Rellenos

---

PEPITAS *Proteínas para botanear*

BENEFICIOS: Rica en hierro, fósforo y cinc, componente esencial de la hemoglobina, el fósforo trabaja en conjunto con el calcio para mantener saludable la estructura ósea y dental
Alto contenido de proteínas
Utilizado como tratamiento contra la solitaria

USOS: Botana de Papas y Cacahuates, Mole Poblano, Rajas Aguadas

PERA *Fibra soluble*

BENEFICIOS: Alto contenido de potasio y fibra soluble
Fuente de hierro y potasio para la circulación de la sangre
Reduce el nivel de colesterol

USOS: Chiles en Nogada

PEREJIL *Excelente diurético*

BENEFICIOS: Poderoso antioxidante
Elimina ácido úrico, evitando reuma y gota
Antiinflamatorio

USOS: Chiles en Nogada, Chile Pasilla Mixe Relleno, Hamburguesa de Embutidos sobre Cama de Lechuga con Chutney de Mango

---

PIÑA *Combate coágulos de sangre*

BENEFICIOS: Eficaz contra el dolor de garganta y la fiebre
Útil para problemas digestivos
Protege el corazón
Contiene caroteno, lo que favorece la visión

USOS: Jugo de Piña y Chaya, Camarones con Tamarindo, Gazpacho de Frutas

---

PIÑONES *Manjar energético*

BENEFICIOS: Excelente fuente de proteínas
Alto contenido de Vitamina E para la piel, magnesio, hierro para la sangre, cinc y potasio para el crecimiento

USOS: Chiles en Nogada, Postre de Azúcar

PITAHAYA *Rica en hierro y calcio*

BENEFICIOS: Ayuda a la formación de huesos, dientes y glóbulos rojos
Favorece la absorción del hierro de los alimentos
Combate infecciones y tiene acción antioxidante

USOS: Coctel de Pitahaya, Tuna Verde, Tuna Roja y Miel de Abeja

---

PISTACHES *Vitamina E*

BENEFICIOS: Buena fuente de proteínas vegetales
Alto contenido de fibra, hierro, cinc ,vitaminas A, E y potasio, que ayudan al crecimiento

USOS: Botana de Papas y Cacahuates

PLÁTANO *Potasio*

BENEFICIOS: Elimina líquidos: agua y sodio
Evita calambres y reumatismo
Fortalece los huesos y mejora la circulación

USOS: Plátanos al Mezcal

RÁBANO *Protector contra el cáncer*

BENEFICIOS: Contiene azufre que ayuda a prevenir el cáncer
Combate problemas de la vesícula biliar y el hígado

USOS: Pozole de Mariscos

SANDÍA *Dulce con tus riñones*

BENEFICIOS: Se dice es un remedio natural para problemas del riñón y la vejiga
Auxiliar en problemas de gota, urinarios y de estreñimiento

USOS: Sopa Xtabentún, Coctel de Frutas con Yogurt de Menta y Miel

---

TAMARINDO *Combate el dolor de cabeza*

BENEFICIOS: Laxante natural
Efectivo contra la fiebre, resfriados, tos, vómito, inflamación e hipertensión
Alto contenido en fibra

USOS: Camarones con Salsa de Tamarindo, Dip de Tamarindo y Jengibre

---

TOMATE VERDE *Antioxidante*

BENEFICIOS: Baja los niveles de azúcar en la sangre y alivia dolores estomacales
Eficaz antioxidante que previene el cáncer de próstata, de pulmón y de estómago

USOS: Chalupas poblanas, Mole Negro, Trío de Enchiladas

TOMILLO *Combate la garganta irritada y el catarro*

BENEFICIOS: Contribuye a la descomposición de las grasas
Buen expectorante
Ayuda en la digestión

USOS: Cochito Horneado, Tejuino, Tatemado

VAINILLA *Combate el malestar estomacal*

BENEFICIOS: Antiácido natural

Alivia el malestar estomacal

USOS: Alegrías, Cheesecake con Ate, Plátanos al Mezcal sobre Horchata con Vainilla

---

XTABENTÚN *Contrarresta los efectos de la gripe*

QUE ES: Bebida alcohólica originaria de Yucatán, elaborada con miel fermentada de abejas que se alimentan de la flor de xtabentún y anís

BENEFICIOS: Tiene beneficios oftalmológicos, se recomienda para combatir enfermedades respiratorias

USOS: Tomarlo como digestivo, Sopa Xtabentún, Helado de Habanero y Xtabentún

---

ZANAHORIA *Beta-caroteno*

BENEFICIOS: Vitamina A esencial para la piel y protección de los pulmones; carotenos que ayudan a mantener la vista saludable

Antioxidantes C y E, ideales para personas con enfermedades arteriales

Recomendado como tratamiento contra la diarrea

Excelente protección para el corazón, circulación sanguínea y vista

USOS: Jugo Energético, Trucha Empapelada a la Parrilla, Mole Poblano

Valores Nutrimentales

TABLA DE ABREVIATURAS

E (K/cal)	Energía (Kilocalorías)
HC (g)	Hidratos de Carbono (Gramos)
Pt (g)	Proteínas (Gramos)
LT (g)	Lípidos (Gramos)
Col (mg)	Colesterol (Miligramos)
Fb (g)	Fibra (Gramos)
Na (mg)	Sodio (Miligramos)
Ca (mg)	Calcio (Miligramos)

La Inspiración…

A lo largo de nuestras vidas hay momentos, personas y sabores que nos acompañan y motivan a ser mejores. En lo personal siento un gran aprecio e inspiración por una empresa 100% mexicana que nació hace ya 60 años en la Comarca Lagunera y de ahí su nombre, Grupo LALA®, un nombre que me genera orgullo como mexicano y al mismo tiempo me provoca ganas de hacer más por mi país. En este maravilloso recorrido por México, Lala® estuvo conmigo desde la comunidad más alejada y hasta en la ciudad más ajetreada, siempre con la misma calidad y frescura que les distingue desde hace ya seis décadas.

La evolución y crecimiento de esta empresa va de la mano del trabajo y dedicación de todos y cada uno de sus colaboradores, valores alineados hacia un mismo objetivo: ofrecernos los más ricos, mejores y más saludables productos.

Gracias, LALA®, por estar en boca de todos.

Técnicas de la Cocina Saludable

SALTEAR

El salteado se lleva a cabo a una temperatura elevada y por poco tiempo, la forma del recipiente es indispensable: debe tener una orilla que sea inclinada y no recta, esto con el fin de que las piezas se puedan trasladar de un espacio a otro fácilmente, y no se concentren los vapores.

El tamaño de las piezas tiene que ser mediano o pequeño, ya que al ser muy grandes impide que se cuezan perfectamente. Te comparto algunos cortes que te van a servir.

BRUNOISE: corte fino en forma de cubo; es el más pequeño de los cortes.

BASTONES: es un corte rectangular no muy delgado, más grueso que la juliana.

JULIANA: es un corte delgado en tiras.

CHIFFONADE: este corte es para vegetales con hoja, como lechugas, espinacas: se enrollan las hojas y se cortan en tiras muy delgadas.

El tiempo y el tipo de corte del salteado permiten que los ingredientes se cuezan perfectamente; esta técnica se utiliza para dorar, pero con poca cantidad de aceite, te recomiendo utilices un aceite vegetal, de oliva, canola, maíz, cacahuate. El dorado se da más por la temperatura.

Ya que es muy breve el tiempo de salteado, el alimento mantiene un color dorado en la superficie, mientras que por dentro se mantiene tierno, conservando su sabor y nutrientes.

PARA CUIDAR TU SALUD:

- Usa sartén antiadherente para que sea menor la cantidad de grasas que utilices.
- Utiliza aceites vegetales como los que te mencioné: oliva, maíz, girasol, canola.
- Enriquece con hierbas y especias, ¿qué tal te vendrían unas papas cambray salteadas al romero?
- No laves de inmediato el sartén, aprovéchalo y recupera los sabores que se concentraron ahí, prepara una salsa haciendo un desglaseado, esto quiere decir que con un líquido, jugo o un vino, vas a limpiar el sartén, enriqueciendo con todo el sabor. Deja que se concentren a fuego medio y listo.
- Saltea ya que el aceite esté bien caliente, esto para que el alimento no absorba la grasa.
- Que salten y se deslicen tus vegetales, frutas y alimentos logrando una cocción uniforme sin perder propiedades ni sabor.

USOS: Postre de Frutos del Bosque, Verduras Caramelizadas con Mantequilla y Hierbas de Olor, Callos de Almeja Salteados con Salsa de Miel y Vinagre Balsámico.

PARRILLAR

Técnica de cocción a fuego directo sobre una parrilla, que le da un olor y sabor excepcionales a tus platillos. Esta técnica es ideal para carnes rojas, pollo, y muy versátil, porque los vegetales, el pescado, mariscos y frutas quedan de lo mejor, el fuego directo permite que la cocción sea breve y no se utiliza mucha grasa, lo que la hace una técnica saludable.

Aparte de todo es irresistible ya que a la vista es espectacular.

Para que al parrillar seas el mejor, te recomiendo lo siguiente:

- Antes que nada cerciórate de tener los utensilios necesarios: pinzas, trapos, un platón, trinche para carne, espátula.

- Asegúrate de que la parrilla esté bien caliente.
- Mantén en la parrilla la proteína o los vegetales hasta que las líneas estén bien definidas.
- Mueve la proteína en un ángulo de 45° para marcar del mismo lado otras líneas, haciendo un efecto de cuadrícula.
- Ya que las líneas estén bien marcadas voltea para terminar la cocción, nadie se va a resistir.

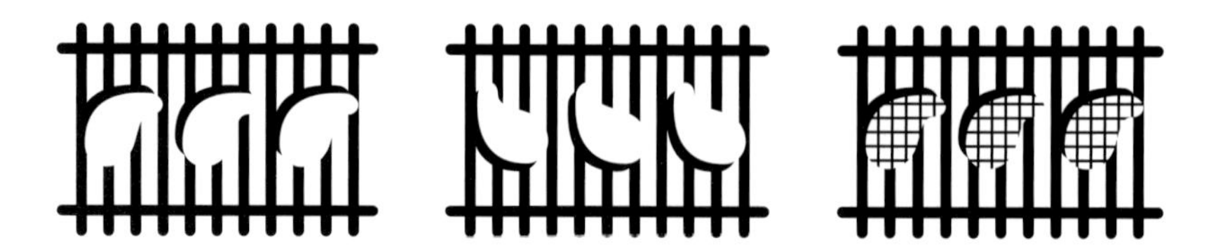

Te recomiendo agregarle más sabor con carbón, maderas, o una de mis favoritas, cáscaras de coco secadas al sol.

Esta cocción es rápida por la temperatura elevada, el alimento mantiene nutrientes y está lleno de sabor y con una textura espectacular.

USOS: Alcachofas a la Parrilla, Pescado Tikin Xic, Sándwich de Pulpo a la Parrilla, Trucha Empapelada a la Parrilla.

ROSTIZAR Y HORNEAR

Esta técnica consiste en elevar la temperatura en un ambiente cerrado, lo que provoca que aire caliente circule por el alimento, logrando una cocción uniforme. La cantidad de grasa que se utiliza es mínima así que está entre las técnicas saludables, de esta forma se puede lograr rostizar el alimento, de manera que se logra una espectacular costra en la superficie.

La mejor forma de hornear es colocando los alimentos en una charola, sobre una rejilla, ya que así el aire circula por todo el alimento, rodeando y generando una cocción perfecta.

La cocción se puede dar de dos formas, desde arriba *(broil)* o por la parte de abajo *(grill)*.

BROIL: Es ideal para lograr el gratinado perfecto, sólo se utiliza en caso de desear una superficie espectacular.

GRILL: Se utiliza en el caso de hornear galletas, donde la temperatura elevada abajo logra esa textura crujiente, ya que el calor es directo, de abajo hacia arriba.

Para enriquecer te recomiendo:

- Utilizar hierbas de olor y especias.
- Servir tus platillos horneados con guarniciones de vegetales o purés, ya sean dulces o salados.
- Servir con una salsa.

Deja de usar tu horno como alacena y atrévete a utilizarlo. Esta técnica la puedes aplicar en carnes, pescados, mariscos, vegetales, postres.

USOS: Pastes, Pescado Empapelado Relleno de Mariscos, Pan de Cazón, Pastel de Elote con Rompope.

HERVIR

Esta técnica consiste en cocinar el alimento en agua a 100ºC; a fuego medio, se mantiene el agua hirviendo, que bien puede ser algún caldo de vegetales, pollo, res o pescado, la transferencia de calor es directa a la proteína o vegetales, es perfecta para mantener la forma del alimento; no se utilizan grasas, incluso algunas veces se utiliza metiendo una proteína rellena y envuelta en papel plástico, esto con el fin de lograr formas que enriquecen el aspecto del platillo.

100ºC hacen gran diferencia. Cocina tus pastas y vegetales mediante esta técnica y olvídate de las grasas.

USOS: Plátanos Rellenos de Picadillo, Pozole, Chongos Zamoranos.

POCHAR

El pochado se da en un líquido caliente, pero sin llegar a ebullición, se mantiene a fuego medio y de igual forma entra en contacto directo con la proteína; esta técnica funciona de dos formas, las comparto contigo:

POCHADO LIGERO:

- Se utiliza poco líquido, no llega a cubrir.
- Las piezas son pequeñas.
- Se puede preparar una salsa con el líquido que queda.
- La guarnición, en caso de ser proteína, se puede cocinar ahí mismo.
- La cocción es a fuego medio, el líquido llega a reducirse casi en su totalidad.

POCHADO PROFUNDO:

- Las piezas son grandes, como un filete de pescado, una pieza de huevo o trozos grandes de carne.
- Los alimentos están cubiertos por el líquido.
- La guarnición no se prepara ahí mismo; muchas veces se coloca casi al momento de servir el platillo.

- La cocción del alimento se da sin que el líquido se consuma, muchas veces el líquido se mantiene por la mitad del recipiente y no se utiliza para preparar una salsa.
- La cocción es a fuego medio.

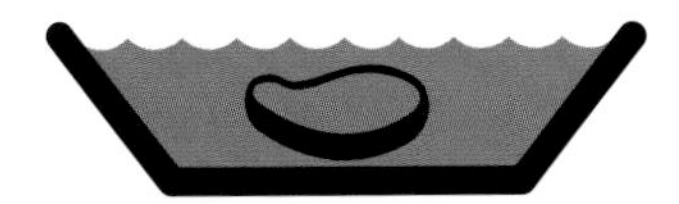

Tanto al hervir como al pochar no se utilizan grasas, por lo que es muy saludable, el alimento mantiene su sabor y nutrientes.

Es excelente para preparar un pescado muy delicado.

Te recomiendo sólo mantengas los alimentos el tiempo necesario para que no se sobrecuezan y pierdan sus propiedades, y lo mejor es agregar alguna especia o hierbas que enriquecerán tu platillo.

BRASEAR Y ESTOFAR

BRASEADO:

- Se utiliza una pieza entera, normalmente es para toda la familia.
- El líquido se mantiene hasta la mitad de la proteína.
- La guarnición (vegetales) se prepara aparte.
- Ya que es poco líquido puedes desglasear y preparar una salsa que le dará un toque espectacular a tu platillo.

ESTOFADO:

- Se utilizan piezas pequeñas, casi son de un bocado.
- Las piezas se cubren en su totalidad con salsa.
- La guarnición se puede preparar en el mismo recipiente.
- No se prepara salsa aparte, el platillo termina siendo líquido.

AL VAPOR

Cocinar al vapor es una excelente forma para evitar el uso de grasas y aceites en nuestros platillos. Es una técnica sencilla y saludable.

Técnicamente consiste en que la base donde se contiene el agua esté en ebullición, lo que provoca vapor que sube hacia los vegetales o proteínas; por la temperatura elevada se cuecen, manteniendo su forma, color, aroma y la mayoría de sus nutrientes, ya que la cocción es uniforme y en ningún momento se está manipulando el alimento, ya sea para voltearlo o dorarlo.

Prueba con tus vegetales favoritos, te recomiendo que le agregues al agua alguna especia, hierba de olor, vinagre o vino, algún jugo; qué tal te suena... arroz al vapor aromatizado con cítricos y menta. Puedes enriquecer tu comida, se me ocurre que puedes acompañar un mole verde con este arroz.

USOS: Mixiotes de Pollo, Tamales de Chipilín, Tamal de Cambray.

ADVERTENCIA
Jeep

MANTECA
CRISTOBAL

El sartén en la maleta

Este libro representa el punto de encuentro de dos de mis más grandes pasiones: los viajes y la comida y es la unión de estos dos grandes anhelos que dieron vida a un recorrido inolvidable a través de un país con una riqueza natural y culinaria tan extensas que parece diseñado especialmente para recorrerlo y saborearlo, mi querido México.

Así, una mañana de domingo desperté y sin ninguna razón especial, de la misma manera en que las decisiones más importantes de la existencia cobran forma en nuestro inconsciente, sabía que antes del viernes siguiente debía estar arriba de mi Jeep, con un mapa de las carreteras del país en la mano y una bitácora en mente. No tenía alternativa, era una certeza tan arraigada como el olor de los chiles cuando los asan en el comal: penetrante, profundo, imposible de ignorar.

LA RUTA

Siempre he sido fiel al dicho de "primero lo primero", lo que me llevó a tener que pensar en la ruta. Quería sacar el máximo provecho al recorrido, a los lugares que visitaría y al tiempo que estaría en cada uno. ¿Por dónde empezar? ¿Qué ruta tomar? ¿Norte o sur? Éstas y muchas otras preguntas más me atacaban como abejas a una colmena. Al principio, quizá me sentí un poco inseguro, pero de la misma manera que llegó la idea del viaje, decidí que debía surgir la ruta en cuestión. Revisé mis recetarios, libros sobre el país y zonas productivas especializadas. Quería darle a mi inconsciente toda la información que necesitaría durante la noche para que a la mañana siguiente todas las abejas desaparecieran dejando la dulce miel de un plan de viaje.

Jueves, 6 a.m. Abrí los ojos antes de que el despertador sonara y ya había visto todo el viaje. Por mis ojos pasaron paisajes inolvidables, campos de cultivo, cocinas tradicionales, alamedas, mercados, sonrisas, vegetación, carnes, pescados, comales, sierras, lagunas, costas, desiertos y montañas. Recorrería todo México y lo haría en dos partes. El sur primero y el norte después, dos aventuras, dos direcciones, un sólo sueño con un mismo destino, llevar las mejores recetas y experiencias hasta la mesa de tu casa.

Tomé mi equipo de cuchillos, algunos utensilios de cocina, un cuaderno donde escribiría las impresiones de mi viaje, y metí el sartén en la maleta. Estaba ansioso. Llevé a lavar mi Jeep, sin duda mi cómplice ideal en este gran viaje por la cocina mexicana que estaba a punto de comenzar.

Viernes, 6 a.m. El aire de la mañana refrescaba mis pulmones y en lo único que podía pensar era que el amor por la cocina sería mi gasolina y la pasión por los viajes la mejor manera de vivirlo. Tomé el volante de mi Jeep entre las manos y de inmediato una sensación de libertad y felicidad me llenaron. Música y ¡vámonos!

CIUDAD DE MÉXICO

Antes del amanecer, la bruma (y un poco de smog) ocultan gran parte de la Ciudad de México con una nube que desaparece poco a poco a medida que el sol se levanta. Siempre que la veo de esa manera me imagino una gran olla de barro con un delicioso platillo hirviendo en su interior, y que si quieres verlo, tienes que soplar para mover el vapor. Lo mismo hacen los rayos solares durante los amaneceres del Valle de México: lentamente van pintando el cielo de una mezcla de colores azulados, violáceos y naranjas hasta que gradualmente el cielo está pintado de azul, y las grandes construcciones a su lado, con ríos de gente y largas calles a sus pies, los primeros vendedores de tamales, atole, café, jugos, gelatinas y pan dulce.

Y en el centro histórico esa bruma matutina se contagia por los aromas que ya desprenden sus cocinas, donde mayoras y cocineros están listos para servir un gran desayuno.

El viaje que me esperaba era largo, y por supuesto, no quería comenzarlo con el estómago vacío. El frío mañanero y la nostalgia del que se va me provocaron un antojo inesperado de unos crujientes churros azucarados, acompañados de un espumoso chocolate caliente estilo francés. ¿Dónde? En Eje Central, Lázaro Cárdenas # 42, justo antes de la esquina de Bolívar está el restaurante de los churros de El Moro, con 75 años de tradición.

DESAYUNO CHILANGO

CHURROS CON SALSA DE CAJETA

Rendimiento:
4 porciones

Tiempo de preparación:
20 minutos

Ingredientes:

- ½ taza de agua
- 2 cucharadas de mantequilla Lala® derretida
- ¾ taza de harina integral
- 1 huevo
- ½ cucharadita de Sal La Fina®
- Aceite para freír
- Azúcar para espolvorear
- 2 cucharadas de cajeta

Procedimiento:

En una olla pon a calentar el agua con la mantequilla Lala®, cuando hierva tira la harina y sigue revolviendo hasta que la mezcla se despegue de las paredes.

Fuera del fuego agrega el huevo junto con la Sal La Fina® y sigue moviendo hasta integrar bien.

Pon la mezcla en una manga que tenga una boquilla ondulada y deja caer un poco de la mezcla en aceite bien caliente, dora los churros y escúrrelos en papel absorbente, espolvoréalos con azúcar. Sírvelos con cajeta caliente, quedarán deliciosos.

Valor Nutrimental

E (K/cal)	939
HC (g)	140
Pt (g)	16
LT (g)	36
Col (mg)	95
Fb (g)	0
Na (mg)	761
Ca (mg)	43

CHOCOLATE CALIENTE

Rendimiento:
4 porciones

Tiempo de preparación:
20 minutos

Ingredientes:

- 4 tazas de leche Lala®
- 2 rajitas de canela
- 2 tablillas de chocolate de mesa
- 2 cucharadas de azúcar mascabado

Procedimiento:

En una olla calienta la leche Lala® con canela, cuando empiece a hervir agrega el chocolate y mezcla con un batidor para hacer espuma, agrega las tres cucharadas de azúcar, deja hervir unos minutos para que el chocolate se integre.

Puedes ponerle a cada taza una pizca de canela en polvo para decorar. Sirve caliente.

Valor Nutrimental	
E (K/cal)	216
HC (g)	24
Pt (g)	4
LT (g)	12
Col (mg)	95
Fb (g)	1
Na (mg)	1
Ca (mg)	47

HUEVOS CON MACHACA Y TORTILLAS A MANO

Ingredientes:

- 4 cucharadas de aceite de maíz
- ½ pieza de cebolla picada
- 1 chile serrano picado
- 2 jitomates picados
- 1 taza de carne seca desmenuzada (machaca)
- 5 piezas de huevo
- Un toque de Sal La Fina®
- Tortillas de harina hechas a mano

Rendimiento:
4 porciones

Tiempo de preparación:
30 minutos

Procedimiento:

En un sartén con aceite fríe la cebolla y el chile, agrega el jitomate y cocina durante unos minutos, agrega la carne y después los huevos batidos, tira un toque de Sal La Fina®. Cocina hasta que los huevos estén cocidos. Acompáñalos con tortillas de harina.

Valor Nutrimental	
E (K/cal)	518
HC (g)	6
Pt (g)	54
LT (g)	31
Col (mg)	206
Fb (g)	0
Na (mg)	900
Ca (mg)	98

El día quedó oficialmente iniciado cuando vi a los voceadores, organilleros, diableros y los pasos apresurados de miles de mexicanos listos para comenzar su jornada. Por mi parte, también tenía un largo camino por delante, y como dicen: "barriga llena, corazón contento". Aquel desayuno magistral trajo a mi mente varios platillos legendarios que no pueden dejar de probar en un buen viaje a la cocina de mi ciudad, la ciudad de México.

Si desayunan en los churros de el Moro, dénse una vuelta al mirador de la Torre Latinoamericana, misma que durante mucho tiempo fue el edificio más alto de la ciudad y desde donde se logran apreciar unas bellísimas vistas de la ciudad; de ahí, al majestuoso Palacio de Bellas Artes, donde pueden aprovechar para conocer el café que está adentro y probar alguno de sus maravillosos platillos y así tener fuerza para encaminarse al Banco de México, de donde a tan sólo a unos pasos está una de las cantinas más famosas del centro histórico, La Ópera, cantina con historia, sabor y tradición. Ahí les recomiendo una sopa de fideo seco con chile chipotle, acompañada de aguacate, crema y queso recién rallado, para después entrarle a unas puntas al albañil: tiernos y jugosos cubitos de filete de res, cebollas, chile serrano con tortillas calientes y guacamole. Todo esto acompañado de un buen tequila y su sangrita. Claro que si hablamos de mariscos en el centro histórico, el Danubio es "el lugar". ¡Qué tal unos langostinos al ajillo!

LANGOSTINOS AL AJILLO

Rendimiento:
1 porción

Tiempo de preparación:
20 minutos

Ingredientes:

- 3 cucharadas de aceite de oliva
- 1 pieza de chile guajillo en rodajas
- 3 dientes de ajo fileteados
- 1 cucharada de cebolla picada
- 4 piezas de langostinos limpios
- Un toque de Sal La Fina® y pimienta
- 1 cucharada de perejil picado
- 1 cucharada de jugo de limón

Procedimiento:

Pon en tu sartén el aceite de oliva, deja que se caliente un poco y tira el ajo, el chile guajillo y la cebolla, deja sólo un poco, tira los langostinos y dale sabor con un poco de Sal La Fina® y pimienta, cuando empiecen a cambiar de color voltea.

Cuando ya hayan cambiado totalmente de color, tira encima el perejil picado junto con el jugo de limón, dale unos minutos más y sirve de inmediato.

Valor Nutrimental

E (K/cal)	130
HC (g)	2
Pt (g)	14
LT (g)	8
Col (mg)	51
Fb (g)	0
Na (mg)	761
Ca (mg)	25

EL SABOR DE LAS CALLES Y MERCADOS

Un clásico de la ciudad son los "Tacos al Pastor". Tan sólo de escribirlo se me hace agua la boca; son perfectos para una buena comida a cualquier hora del día, acompañada de agua de horchata, jamaica o una refrescante michelada.

Llegan a México con la migración libanesa a nuestro país en los años 30, ellos trajeron el estilo de tacos árabes o "kebab" con su técnica de preparación en trompos. Sólo que los mexicanos nos encargamos de ponerle nuestro sabor, nuestro apellido... a la receta, cambiamos la carne de cordero por la de cerdo y le agregamos el achiote, tortillas de maíz... y ¡qué les cuento! Mejor les dejo la receta.

TACOS AL PASTOR CON CHICHARRÓN DE QUESO Y CEBOLLITAS PREPARADAS

Rendimiento:
4 porciones

Tiempo de preparación:
20 minutos

Ingredientes:

Adobo:

- ¼ taza de pasta de achiote
- 2 cucharadas de vinagre blanco
- 2 cucharadas de miel de abeja
- Un toque de Sal La Fina®
- Un toque de pimienta
- 2 piezas de chile de árbol, asados y remojados, sin semillas
- 2 piezas de chile guajillo, asados y remojados, sin semillas
- 1 diente de ajo
- 2 limones, el jugo
- 3 piezas de pimienta gorda
- 2 piezas de clavo
- 1 taza de piña en trozos
- 8 tortillas taqueras
- 4 piezas de bistec de cerdo (delgados)
- Aceite de oliva

Para servir:

- 1 taza de cilantro desinfectado y picado
- 1 taza de cebolla picada
- 4 piezas de limón
- ¼ taza de piña en trozos

Cebollas Cambray:

- 2 cucharadas de aceite de oliva
- 12 piezas de cebolla cambray
- 3 limones, el jugo
- 1 cucharada de salsa de soya

Chicharrón de Queso:

- 1 cucharada de aceite
- ¼ taza de queso manchego Lala® rallado
- 1 cucharada de hojas de cilantro picadas
- 1 cucharadita de chile serrano desvenado picado fino
- Un toque de pimienta

Valor Nutrimental

E (K/cal)	945
HC (g)	61
Pt (g)	41
LT (g)	60
Col (mg)	177
Fb (g)	5
Na (mg)	890
Ca (mg)	491

Procedimiento:

Pon en tu licuadora todos los ingredientes del adobo, mezcla perfectamente. En un tazón coloca las piezas de bistec y tira la salsa, que se integren.

En un sartén con un toque de aceite pon la carne que tienes en el tazón, cuando se hayan cocido pica en cubos.

Calienta las tortillas y prepara los tacos, sirve con un poco de cilantro picado, cebolla, limón y un trozo de piña.

Para las cebollas cambray:

Saltea en aceite de oliva, agrega jugo de limón y salsa de soya.

Para el chicharrón de queso:

Sobre la plancha, con un toque de aceite pon una capa no muy gruesa de queso manchego Lala® rallado, ya que empiece a derretir agrega el cilantro, el chile serrano, un poco de pimienta y dejar que dore la parte de abajo.

Cuando empiece a dorar retira con una pala.

Sirve los tacos de pastor con las cebollas de cambray a un lado y el chicharrón.

Otro clásico de la ciudad son las famosas quesadillas, y creo que las mejores son las de Coyoacán, ubicadas cerca del mercado del mismo nombre. Este platillo se ha convertido en uno de los más populares para turistas y mexicanos. Ubicadas al sur de la ciudad, estas "quecas" tienen en su receta todo el sabor de la gastronomía mexicana prehispánica pues utilizan ingredientes como flor de calabaza, huitlacoche, hongos y chiles, o si estás de antojo están las combinadas. Cualquiera que sea, sin duda complacen cualquier tipo de antojo. Ésta es una de mis favoritas.

QUESADILLAS DE HONGOS

Rendimiento:
4 porciones

Tiempo de preparación:
15 minutos

Ingredientes:

- ½ cebolla picada
- 1 diente de ajo picado
- Aceite de oliva
- 2 tazas de champiñones rebanados
- 4 hojas de epazote
- Sal La Fina® y pimienta
- 1 chile serrano picado
- 2 cucharadas de queso Chihuahua Lala® rallado, por quesadilla
- 8 tortillas de maíz hechas a mano

Procedimiento:

Pica la cebolla y ajo finamente, saltea en un sartén con poco aceite, agrega los champiñones rebanados, el epazote, el chile y tira un toque de Sal La Fina® y pimienta.

Forma las quesadillas con el queso Chihuahua Lala® y hongos, calienta en un comal hasta que se derrita el queso.

Sirve en un platón y acompáñalas de alguna salsa roja o verde.

Valor Nutrimental

E (K/cal)	535
HC (g)	35
Pt (g)	24
LT (g)	33
Col (mg)	98
Fb (g)	2
Na (mg)	1073
Ca (mg)	710

NOCHE CAPITALINA

Las cenas en la Ciudad de México son incomparables. Luces, música, colores, aromas y texturas visten mesas llenas de recetas tan alegres como la gente que las prepara. Las noches capitalinas son la mejor opción para juntarte con amigos o familia y ponerte al día de lo que has vivido durante la semana.

"Las noches mexicanas son mesas listas para el mejor platillo de todos, la autenticidad... la complicidad"...

SPAGHETTI CON POLLO AL PESTO DE POBLANO

Rendimiento:
4 porciones

Tiempo de preparación:
20 minutos

NOTA: para hacer el pan de ajo frota una rebanada de pan con un trozo de ajo, tírale un toque de aceite de oliva y mételo a tu horno unos minutos para dorar.

Ingredientes:

Para el pesto:

- ½ cebolla blanca
- 1 diente de ajo
- 2 chiles poblanos asados y desvenados
- ¼ taza de agua
- 1 taza de cilantro
- ¼ taza de aceite de oliva
- 5 piezas de almendra
- 2 cucharadas de queso parmesano rallado
- Un toque de Sal La Fina®
- Un toque de pimienta

Para las pechugas:

- 2 pechugas de pollo limpias
- 2 cucharadas de aceite de oliva
- ½ paquete de spaghetti cocido con Sal La Fina®

Procedimiento:

En tu licuadora mezcla la cebolla, el ajo, los chiles, el cilantro, el agua, el queso y el aceite de oliva, las almendras, tírale un toque de Sal La Fina® y pimienta para resaltar su sabor y unta un tercio del pesto al pollo.

En un sartén con poco aceite cocina el pollo hasta que esté dorado, córtalo en tiras y reserva.

Para servirlo pon encima de la pasta y agrega el pesto que reservaste.

Valor Nutrimental

E (K/cal)	401
HC (g)	24
Pt (g)	34
LT (g)	19
Col (mg)	102
Fb (g)	1
Na (mg)	638
Ca (mg)	75

MARTINI DE MANZANA VERDE

Ingredientes:

- ¼ taza de vodka
- ½ taza de licor de manzana
- 1 taza de jugo de manzana verde
- 1 pieza de manzana verde

Rendimiento:
4 porciones

Tiempo de preparación:
10 minutos

Procedimiento:

Pon una copa de martini en el congelador para que esté bien fría a la hora de servir.

En un mezclador coloca hielos con el vodka, el licor de manzana y el jugo de manzana, agita ligeramente.

Saca la copa del congelador tira un poco del martini y coloca una rebanada de manzana con todo y cáscara para decorar.

Valor Nutrimental

E (K/cal)	129
HC (g)	10
Pt (g)	0
LT (g)	0
Col (mg)	0
Fb (g)	0
Na (mg)	2
Ca (mg)	4

BOTANA DE PAPAS Y CACAHUATES

Rendimiento:
4 porciones

Tiempo de preparación:
15 minutos

Ingredientes:

- 2 piezas de papa medianas en gajos
- ¼ taza de cacahuates pelados
- ¼ taza de pistaches
- ¼ taza de habas
- ¼ taza de pepitas peladas
- ¼ taza de garbanzos
- 2 piezas de chile de árbol seco
- 2 dientes de ajo con piel
- 2 piezas de limón
- Un toque de Sal La Fina®
- Un toque de aceite

Procedimiento:

En un sartén o en un comal, con sólo un toque de aceite tira las papas en gajos, deja por un rato hasta que se doren, agrega los cacahuates, los pistaches, las habas, pepitas y garbanzos, mueve un poco y tira el chile de árbol junto con el ajo, deja que se integren bien los sabores.

Por último dale un toque de sabor con un poco de Sal La Fina®. Mueve un poco más.

Checa que las papas estén cocidas y sirve de inmediato en algún platón para botanas con un poco de limón.

Valor Nutrimental

E (K/cal)	666
HC (g)	53
Pt (g)	34
LT (g)	61
Col (mg)	0
Fb (g)	6
Na (mg)	13
Ca (mg)	176

Después de compartirles los recuerdos de algunos de mis platillos favoritos de la Ciudad de México, como si las cocinas del D.F. me desearan buen viaje con estos grandes recuerdos, ajusto mi cinturón de seguridad, enciendo mi Jeep, y me encamino directo y sin escalas hasta Puebla, Puebla.

PUEBLA

Sólo 130 kilómetros separan a la capital del mole, las chalupas, el chile en nogada y la talavera de la Ciudad de México.

D.F.-Puebla. Tiempo aproximado de viaje: 1 hora con 40 minutos. El paisaje de la carretera: en principio hermosos pinos, más adelante, magueyales y milpas y al llegar a San Martín Texmelucan, la belleza de los encinos de la zona. La cocina de San Martín se caracteriza por la combinación de diversos chiles verdes frescos y secos, dulces

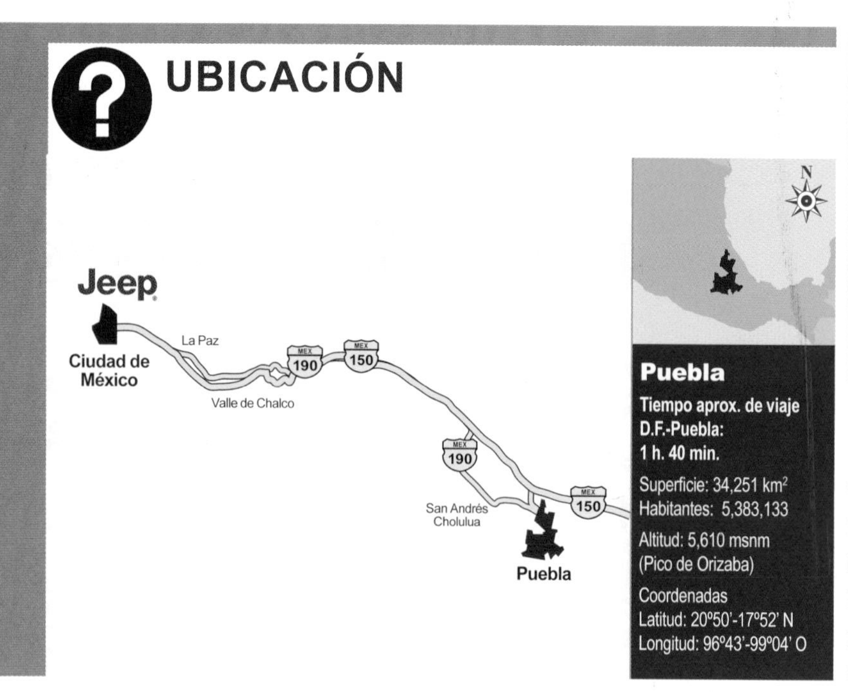

típicos como trompadas o muéganos, los cuales puedes comprar en la carretera. Y hablando de esta carretera, imperdonable sería no mencionar a un par de compañeros de este viaje a Puebla; imponentes y nevados..., el Popo y el Izta (Popocatépetl e Iztaccíhuatl), enormes formaciones montañosas que son parte de muy arraigadas historias de tradición mítica de nuestros antepasados indígenas.

BIENVENIDO A PUEBLA

Chalupas en San Francisco:

El Paseo de San Francisco fue construido a principios del siglo XIX en los terrenos del antiguo convento de San Francisco, y diseñado como centro recreativo, cultural y gastronómico.

Tip: Recórrelo completo. Conoce la iglesia y los jardines y así te dará más hambre para disfrutar las exquisitas y tradicionales ¡chalupas poblanas! en La Chiquita, desde 1896.

RECETA TRADICIONAL DE CHALUPAS POBLANAS

Ingredientes:

Para la salsa roja:

- 3 jitomates guajes
- ½ cebolla blanca
- 2 chiles de árbol secos
- 1 diente de ajo pelado
- Un toque de Sal La Fina® y pimienta
- 3 cucharadas de aceite

Para la salsa verde:

- 5 piezas de tomates verdes
- ½ pieza de cebolla blanca
- 4 chiles serranos verdes
- ⅓ taza de hojas de cilantro fresco
- 1 diente de ajo
- Un toque de Sal La Fina® y pimienta

Para las chalupas:

- 12 chalupas (240 g de masa de maíz)
- ½ taza de aceite
- 1 pechuga de pollo cocida y desmenuzada
- 1 taza de queso cotija desmoronado
- 1½ tazas de lechuga romana picada en julianas

Procedimiento:

Para la salsa roja:

Pon en tu comal o sartén los jitomates, la cebolla, los chiles y el ajo y tuéstalos hasta que cambien de color. Pon estos ingredientes en el vaso de tu licuadora y licualo hasta obtener una salsa un tanto espesa; pon a calentar el aceite en un sartén y fríe la salsa. Tira un toque de Sal La Fina® y pimienta para mejorar el sabor y reserva.

Para la salsa verde:

Pon en el vaso de tu licuadora, los tomates, la cebolla, los chiles, el cilantro y el ajo, tira un toque de Sal La Fina® y pimienta, licualo y reserva.

Para las chalupas:

Fríe las chalupas en el aceite, pon salsa verde en 6 chalupas y en las otras 6 salsa roja, pon encima el pollo desmenuzado, el queso fresco y al final la lechuga picada.

Rendimiento:
12 porciones

Tiempo de preparación:
20 minutos

Valor Nutrimental

E (K/cal)	594
HC (g)	36
Pt (g)	24
LT (g)	37
Col (mg)	37
Fb (g)	5
Na (mg)	300
Ca (mg)	312

CHALUPAS GOURMET CON PATO

Ingredientes:

Para la salsa roja:

- 3 jitomates guajes
- ½ cebolla blanca
- 2 chiles de árbol secos
- 1 diente de ajo pelado
- Un toque de Sal La Fina® y pimienta
- 3 cucharadas de aceite

Para la salsa verde:

- 5 piezas de tomates verdes
- ½ pieza de cebolla blanca
- 4 chiles serranos verdes
- ⅓ taza de hojas de cilantro fresco
- 1 diente de ajo
- Un toque de Sal La Fina® y pimienta

Para las chalupas:

- 4 chalupas de masa azul
- 4 cucharadas de aceite de maíz
- 1 magret de pato
- 4 cuchradas de queso de cabra desmoronado
- 1½ tazas de espinaca baby cortada en julianas

Procedimiento:

Para la salsa roja:

Pon en tu comal o sartén los jitomates, la cebolla, los chiles y el ajo y tuéstalos hasta que cambien de color. Pon estos ingredientes en el vaso de tu licuadora y licualo hasta obtener una salsa un tanto espesa, pon a calentar el aceite en un sartén y fríe la salsa. Tira un toque de Sal La Fina® y pimienta para mejorar el sabor y reserva.

Para la salsa verde:

Pon en el vaso de tu licuadora los tomates, la cebolla, los chiles, el cilantro y el ajo, tira un toque de Sal La Fina® y pimienta, licualo y reserva.

Para las chalupas:

Fríe las chalupas en el aceite, pon las salsas encima de éstas según tu preferencia, en un sartén bien caliente fríe el pato y corta en medallones. Coloca arriba de las chalupas, después el queso de cabra y encima las espinacas baby.

Rendimiento: 4 porciones

Tiempo de preparación: 20 minutos

Valor Nutrimental

E (K/cal)	378
HC (g)	17
Pt (g)	16
LT (g)	27
Col (mg)	53
Fb (g)	3
Na (mg)	1078
Ca (mg)	102

Por supuesto que salí del Paseo San Francisco con una sonrisa, y eso que apenas iniciaba la aventura y sólo podía pensar en todo lo que me esperaba en el camino.

Entré a la ciudad de Puebla de Los Ángeles con dirección al centro, donde podría visitar la gloriosa Catedral.

LA CATEDRAL DE PUEBLA

Sede del Arzobispado de Puebla, La Catedral está ubicada entre las avenidas 3 y 5 Oriente y la Calle 16 de Septiembre, en pleno corazón de la ciudad. Comenzó su construcción en 1552 y fue de tal magnitud que no se concluyó sino hasta 1819.

En su interior: arte sacro de la época y lo que más me impresionó fue el atrio cuya inmensidad cargada en detalles en oro te hace sentir pequeño. De pie, bajo las cúpulas centrales, entras en una especie de trance y tu mente se pierde imaginando escenas que se desarrollaron bajo ellas. Trance del que me sacaron las muy fuertes campanadas que anunciaban la una de la tarde. Era hora de seguir y sentarme en los portales ubicados frente a la fastuosa Catedral.

¡QUÉ CHULA ES PUEBLA!

El taller de Talavera:

Calle 4 Poniente # 911 C.P. 72000 Col. Centro.

Aquí está la que se dice es la fábrica más antigua de Talavera y allí pude platicar con algunos alfareros, que son las personas especializadas en la creación de este producto,

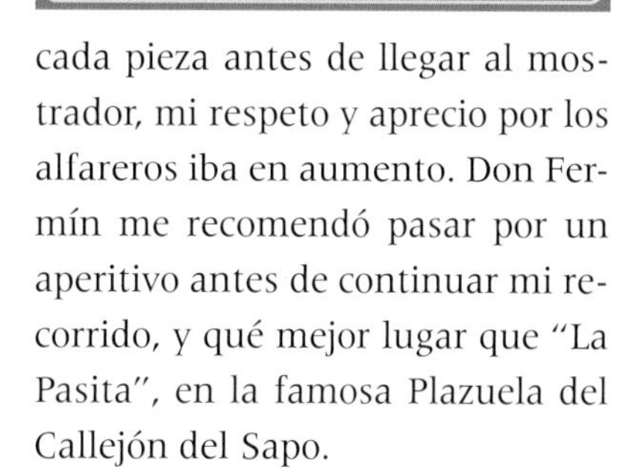

quienes lo mismo le dan vida en forma de hermosas vajillas o jarrones, lámparas o hasta azulejos, mismos que visten fachadas de conventos y cúpulas de iglesias.

Si bien la Talavera es de origen español, en Puebla se cuece aparte.

Después de recorrer la fábrica y conocer el proceso por el que pasa cada pieza antes de llegar al mostrador, mi respeto y aprecio por los alfareros iba en aumento. Don Fermín me recomendó pasar por un aperitivo antes de continuar mi recorrido, y qué mejor lugar que "La Pasita", en la famosa Plazuela del Callejón del Sapo.

La Pasita es una cantina inmune al paso del tiempo que conserva todo el sabor y aroma de la época revolucionaria; la inauguraron en 1916 y, dentro de otras cosas, presume en una vitrina su propio museo de lo "increíble" como el compás con el que se trazó el círculo vicioso, la granada que le voló la mano a Álvaro Obregón, la brocha con que se pintó el Mar Rojo y la herradura del caballo de Troya. Creo que está de más decir que todo es una broma. ¿La recomendación en La Pasita? Su tradicional bebida, la cual lleva el mismo nombre, que consiste en licor de uva pasa que se sirve con una pequeña porción de queso y una fruta seca. Actualmente el lugar nos ofrece cerca de 22 bebidas como el "Angelópolis", "Sangre de Diablo", "Sangre de Artista", "Calambre", "Fantasma", "Piña Helada", "Almendra" y "Rompope", entre otras.

TOSTADAS DE POLLO AL PESTO DE POBLANO

Rendimiento:
4 porciones

Tiempo de preparación:
10 minutos

Ingredientes:

Para el pesto:

½ cebolla blanca, picada
1 diente de ajo
2 chiles poblanos asados y desvenados
¼ taza de cilantro
½ taza de aceite de oliva
½ taza de agua
5 piezas de almendra
Un toque de Sal La Fina®
Un toque de pimienta

Para las pechugas:

2 pechugas de pollo
4 tazas de agua
Un toque de Sal La Fina®
4 tostadas
2 cucharadas de frijoles refritos
3 hojas de lechuga escarola picada
2 cucharadas de crema Lala®
4 cucharaditas de queso añejo

Procedimiento:

Para hacer el pesto, licua la cebolla, el ajo, los chiles, el cilantro, el aceite de oliva, el agua y las almendras, tírale un toque de Sal La Fina® y pimienta para resaltar su sabor. Reserva.

Cocina las pechugas de pollo en agua con Sal La Fina® y deshébralas, mezcla el pollo con el pesto.

Para servir, unta en cada tostada un poco de frijoles, agrega el pollo mezclado con el pesto, cebolla, lechuga, un toque de crema Lala® y queso añejo desmoronado.

Valor Nutrimental

E (K/cal)	525
HC (g)	19
Pt (g)	35
LT (g)	34
Col (mg)	104
Fb (g)	2
Na (mg)	1645
Ca (mg)	132

El amor por la comida, eso les dije al principio que era la gasolina de este viaje, y era justo lo que mi cuerpo necesitaba después de caminar durante más de ¡4 horas! ¿Y qué se come en Puebla? Pues, el mole poblano. Así que volví sobre mis pasos y me senté en los portales del centro de la ciudad a disfrutar de la famosa receta de la ciudad y al mismo tiempo conocer la leyenda de su origen que Don Jacinto, el mesero, me contó.

Resulta que en el Convento de Santa Clara de Puebla, las monjas preparaban sus platillos cuando de pronto un golpe de viento dejó caer sobre el comal ardiente muy diversas especias y chiles, mismos que despidieron un aroma único, tan exquisito que según dice Don Jacinto, el aroma hizo que las monjas rompieran su voto de silencio mientras una de ellas molía los ingredientes en el metate al comentar "Hermana, ¡qué bien mole!", lo que provocó la risa de las demás hermanas y la corrigieron: "Se dice: ¡qué bien muele!, hermana" y es por ello que se llamó Mole a este platillo, según cuenta Don Jacinto.

MOLE POBLANO

Ingredientes:

- 4 tazas de pechuga de pavo (magra) cocida y deshebrada
- 8 piezas de chile ancho, limpio
- 5 piezas de chile mulato, limpio
- 8 piezas de chile pasilla, limpio
- 3 dientes de ajo
- 1 cebolla en trozos
- 2 piezas de jitomate
- ½ taza de pasitas
- 1 taza de almendras
- ½ taza de ajonjolí
- 5 piezas de clavo
- 2 rajitas de canela
- 5 piezas de pimienta entera
- 2 tabletas de chocolate de mesa
- 3 tortillas quemadas
- 1 cucharadita de Sal La Fina®
- 1 cucharada de manteca
- 4 tazas de consomé de pollo

Rendimiento:
8 porciones

Tiempo de preparación:
40 minutos

Procedimiento:

Asa en un comal los chiles junto con el ajo, la cebolla y el jitomate, deja que se quemen unos minutos y reserva, en el mismo comal tuesta las pasitas, las almendras, el ajonjolí, el clavo, la canela y la pimienta.

En tu licuadora tira todo junto con el chocolate y las tortillas quemadas, dale un poco de sabor con Sal La Fina®, licua con el agua.

En una olla pon a derretir la manteca y agrega la mezcla de tu licuadora, colada; deja unos minutos e incorpora las piezas de pavo.

Sirve bien caliente, puedes acompañarlo de un poco de arroz.

Valor Nutrimental

E (K/cal)	544
HC (g)	44
Pt (g)	39
LT (g)	20
Col (mg)	90
Fb (g)	7
Na (mg)	383
Ca (mg)	158

Otra de las recetas tradicionales que no se pueden perder en temporada –agosto y septiembre– son los chiles en nogada, que Laura Esquivel proyectó internacionalmente en su novela *Como Agua para Chocolate*. ¿Quieren conocer la receta tradicional? Pues aquí la tienen.

CHILES EN NOGADA

Ingredientes:

Para el relleno:

- 2 cucharadas de mantequilla Lala®
- 1 cucharada de aceite de oliva
- 1 diente de ajo picado
- ½ cebolla grande finamente picada
- 1 taza de carne molida de res
- 1 taza de carne molida de cerdo
- Un toque de Sal La Fina® y pimienta
- ¼ taza de pasitas
- ¼ taza de pera o naranja cristalizada finamente picada
- 1 taza de piña fresca cristalizada finamente picada
- 2 peras finamente picadas
- 1 durazno finamente picado
- 1 manzana mediana o membrillo finamente picado
- 1 plátano macho maduro finamente picado
- 1 jitomate maduro finamente picado
- ¼ taza de nuez finamente picada
- ¼ taza de piñones
- ½ cucharadita de canela molida
- ½ cucharadita de pimienta recién molida
- ½ cucharadita de nuez moscada molida
- 2 hojas de laurel
- 1 ramita de tomillo fresco
- 1 ramita de mejorana fresca
- ¼ taza de jerez seco
- ¼ taza de vino blanco seco
- 4 chiles poblanos desvenados, asados, pelados y limpios

Para la nogada:

- 1 taza de nuez de castilla limpia
- ¼ taza de almendras peladas y remojadas en leche
- 1 taza de leche Lala®
- 1 taza queso crema Lala®
- 1½ tazas de crema Lala®
- 1 cucharada de cebolla picada finamente
- 3 cucharadas de azúcar (hacer una mielecita con un poco de agua)
- ½ cucharadita de canela en polvo
- ¼ taza de jerez seco o dulce o combinado
- Un toque de Sal La Fina®

Para la guarnición:

- 2 granadas rojas peladas y desgranadas
- 1 manojo de perejil lavado y picado
- Hojitas de perejil

Continuación Chiles en Nogada

Procedimiento:

Preparación del relleno:

Calienta la mantequilla Lala® en una olla junto con el aceite de oliva, agrega el ajo y la cebolla y deja que se acitronen por unos minutos. Agrega las carnes, tírales un toque de Sal La Fina® y pimienta y deja que se cocinen por unos minutos más, después agrega las pasas y las frutas e intégralas poco a poco, continúa incorporando el jitomate, la nuez, los piñones, las especias y hierbas de olor y deja que se cocine toda esta mezcla, por último tírale el jerez y el vino blanco y rectifica el sabor con un toque de Sal La Fina®. Baja el fuego y cocínalo por unos minutos más. Enfría y reserva.

Preparación de los chiles:

Haz una abertura a lo largo de los chiles poblanos en la parte superior y rellénalos con la mezcla que habías reservado, pon lo chiles en una charola y cúbrelos con un trapo húmedo, y reserva.

Preparación de la nogada:

Pon en el vaso de tu licuadora las nueces y las almendras, licualas y ve agregando poco a poco la leche Lala®, después el queso crema Lala® y la crema Lala® hasta que se integren perfectamente, agrégale a esta mezcla los ingredientes que faltan; pon esta mezcla en tu refrigerador por unos minutos y reserva.

Presentación:

Haz un espejo en la base de cada plato con la nogada, pon en medio de éste el chile poblano relleno, cúbrelo con más nogada, tírale del lado de la punta un poco de la granada, deja un espacio y tírale del lado del rabo el perejil picado asemejando la bandera de México, por último tira unos granos de la granada alrededor del plato y adorna con unas ramitas de perejil.

Rendimiento:
4 porciones

Tiempo de preparación:
30 minutos

Valor Nutrimental

E (K/cal)	1565
HC (g)	66
Pt (g)	52
LT (g)	120
Col (mg)	249
Fb (g)	6
Na (mg)	3297
Ca (mg)	323

Cortesía Sra. Ana Laura Rojas Fuentes

NOCHE POBLANA

Después del aromático e intenso sabor del mejor mole poblano y de disfrutar de las agradables historias de Don Jacinto, la noche cayó en el centro de la ciudad y los faroles iluminaron como una tenue salsa amarillenta, las paredes de los edificios coloniales. La ciudad se convirtió ante mis ojos en un lugar sumamente romántico y la vida nocturna saltó a las calles de forma vibrante. Música, bares, restaurantes, mariachis y tríos vestían las mesas como platillos multicolores que celebraban y compartían con los visitantes la alegría de su gente, la gente poblana.

MOLITO DE HIERBABUENA DE LA MIXTECA

Rendimiento:
4 porciones

Tiempo de preparación:
60 minutos

Ingredientes:

- 10 piezas chile guajillo desvenado y sin semillas
- 2 dientes de ajo
- 2 jitomates
- 1 bolita de masa
- Aceite el necesario
- 1 manojito de hierbabuena
- 1 pieza de pato
- Sal La Fina®, la necesaria
- Pimienta la necesaria
- Hierbas de olor
- 4 porciones de arroz

Procedimiento:

Agrega Sal La Fina® y pimienta al pato y colócalo en una charola de horno. Espolvorea las hierbas de olor y cubre con papel aluminio.

Hornea a 200 ºC durante 45 minutos, retira el papel aluminio y deja dorar.

Corta las piezas del pato y reserva.

Calienta los chiles, ajos y los jitomates.

Calienta aceite y fríe el licuado de los chiles.

Rectifica sazón y agrega la bolita de masa diluida en agua y la hierbabuena.

Baña el pato con el molito y acompaña con arroz.

Cortesía chef Abdiel Cervantes

Valor Nutrimental

E (K/cal)	441
HC (g)	40
Pt (g)	25
LT (g)	19
Col (mg)	82
Fb (g)	3
Na (mg)	355
Ca (mg)	74

HOTELES

Les cuento que en Puebla hay una gran variedad de ofertas de hospedaje, desde las más reconocidas cadenas internacionales hasta los llamados *small luxury hotels*. En cada uno de éstos existe una variada y extensa carta de gastronomía internacional y tradicional de alto nivel. Así que si llegan directo o no tienen mucho ánimo de salir a caminar, no se preocupen porque seguro en el hotel de su elección les van a ofrecer platillos excepcionales. Esa noche me dormí medio temprano, porque al otro día me esperaba la hermosa ciudad de Cholula.

TAQUITOS DE RAJAS AGUADAS

Ingredientes:

- 4 piezas de chiles poblanos, tatemados, desvenados y en rajas
- 1 cebolla fileteada
- 3 dientes de ajo picados finamente
- 100 g ejotes verdes
- 4 piezas de calabazas cortadas en cuartos
- 1 piezas de chayote en bastones
- 1 elote desgranado
- 1 manojo de flor de calabaza
- 1 pieza de queso de cabra en cubos
- 200 g quesillo deshebrado
- 1 manojo de epazote
- 2 litros de caldo de pollo
- Tortillas de maíz

Procedimiento:

Coloca una cucharada de aceite a calentar en una cacerola.

Suda la cebolla y el ajo, agrega los elotes y sancocha.

Agrega las rajas y verduras.

Agrega el caldo y deja hervir.

Agrega el epazote y las flores de calabaza, sazona.

Antes de servir agrega el queso de cabra y deja hervir.

Para servir, coloca el caldo con las verduras en cada plato hondo, el queso deshebrado y acompaña con tortillas.

Cortesía chef Abdiel Cervantes

Rendimiento: 6 porciones

Tiempo de preparación: 20 minutos

Valor Nutrimental

E (K/cal)	245
HC (g)	12
Pt (g)	21
LT (g)	13
Col (mg)	59
Fb (g)	1
Na (mg)	315
Ca (mg)	497

CHOLULA

Un sueño reparador era todo lo que necesitaba para empezar mi día con el pie derecho. Decidí salir sin desayunar y aguantarme a Cholula donde podría comerme un esponjoso pan dulce sopeadito en un café con leche. Y como la ciudad de Cholula queda a sólo 20 km de Puebla, no moriría de hambre.

Si visitas Puebla es obligatorio darse el tiempo para recorrer el sitio arqueológico de Cholula, donde podrás ver los vestigios de lo que fuera la edificación piramidal más grande del México antiguo. ¡400

metros! Nos dan una clara idea de la importancia de este centro ceremonial, así como el reciente hallazgo de pinturas murales del lugar donde Quetzalcóatl permaneció tras ser expulsado de Tula.

El sitio me dejó maravillado y sólo me hacía falta un poco de energía para continuar el viaje, y qué mejor que seguir este viaje que con alegría, a ¡Oaxaca!

ALEGRÍAS

Rendimiento:
6 porciones

Tiempo de preparación:
20 minutos

Ingredientes:

- 250 g amaranto
- 2 piloncillos
- ½ litro de agua
- 1 raja de canela
- 2 clavos de olor
- 50 g semillas de calabaza tostadas, sin sal
- 50 g nueces tostadas
- 20 g pasas

Procedimiento:

Calienta el agua con el clavo y la canela, agrega el piloncillo y hierve hasta que la miel esté a punto de bola.

Coloca el amaranto y mezcla rápidamente para no dejar enfriar.

En los moldes o charola previamente engrasados, coloca ligeramente las pepitas, nueces y pasitas.

Coloca el amaranto y compacta con fuerza para que no se rompa.

Corta los rectángulos o círculos y deja enfriar.

Cortesía chef Abdiel Cervantes

Valor Nutrimental

E (K/cal)	388
HC (g)	60
Pt (g)	10
LT (g)	12
Col (mg)	0
Fb (g)	3
Na (mg)	14
Ca (mg)	133

OAXACA

El viaje por la autopista México-Oaxaca desde Cholula tiene una duración aproximada de 3.35 horas. El camino: largas rectas rodeadas de planicies y algunas montañas. Oaxaca es un estado con una riqueza multicultural conformada con la presencia de más de 16 etnias indígenas; es también el quinto estado más grande del país. Tiene costa con el Océano Pacífico, hermosas playas que son sede de competencias internacionales de *surfing* y hoteles de gran prestigio. Su pasado prehispánico la convierte en un

UBICACIÓN

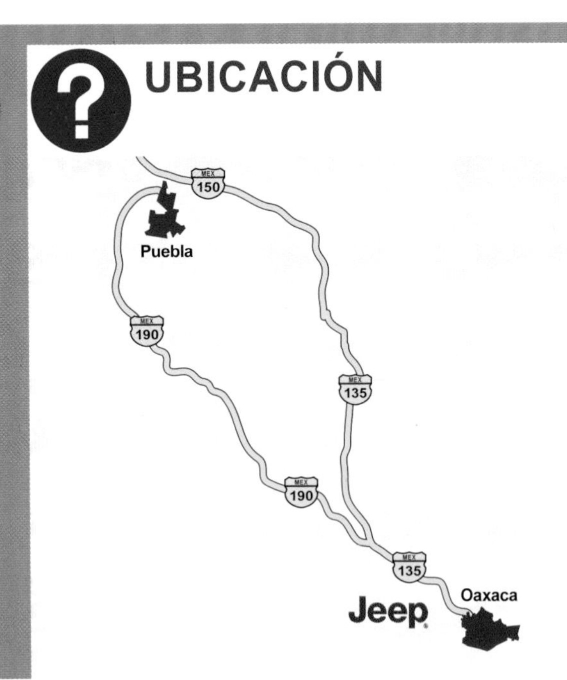

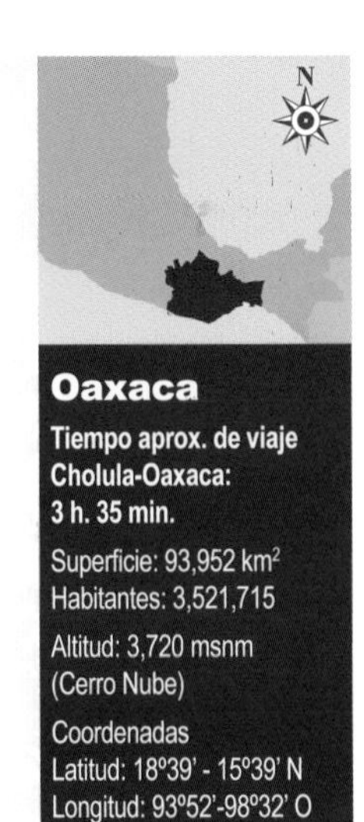

Oaxaca

Tiempo aprox. de viaje Cholula-Oaxaca: 3 h. 35 min.

Superficie: 93,952 km^2
Habitantes: 3,521,715
Altitud: 3,720 msnm (Cerro Nube)
Coordenadas
Latitud: 18°39' - 15°39' N
Longitud: 93°52'-98°32' O

territorio excelente para un viaje al pasado, pues en su superficie se encuentran importantes sitios arqueológicos como Monte Albán o Mitla, poblados por culturas zapotecas y mixtecas, respectivamente. En cuanto al tema gastronómico su riqueza es invaluable y su reconocimiento rebasa nuestras fronteras.

GUSANITO MEZCALERO

La entrada a la ciudad es sensacional. Sus calles coloniales poco a poco te conducen hasta el centro de la ciudad, donde una alameda es custodiada por portales y restaurantes. En uno de ellos iba a encontrarme con una gran amiga a quien no veía desde hacía tiempo. Martina, dueña de uno de los más famosos restaurantes de la capital oaxaqueña. Esperaba mi llegada aproximadamente a la una de la tarde, la hora perfecta para tomarnos en compañía de su espléndida familia un intenso y tradicional mezcal como aperitivo a una comida cuyo menú no quiso revelar, pero que yo sabía sería inolvidable.

Martina y sus hijos, Arnoldo y Ernesto, me recibieron como los grandes amigos que somos.

Claro que no tuve ni qué decirles de mi antojo de echarme un mezcalito pa'empezar, al fin yo ya no iba a manejar.

El mezcal en Oaxaca es una tradición que se acompaña con naranja y sal de gusano, y para mí el complemento adicional es un buen taco de guacamole con extra crujientes chapulines.

Verde

Coloradito

Rojo

Amarillito

Negro

Chichilo

Manchamanteles

GUACAMOLE

Rendimiento:
4 porciones

Tiempo de preparación:
15 minutos

Ingredientes:

- 4 piezas de aguacate maduros
- ½ pieza de cebolla
- 2 piezas de ajo
- ½ taza de cilantro
- 4 piezas de chile verde
- Un toque de Sal La Fina® y pimienta
- 1 pieza de jitomate
- 1 limón

Procedimiento:

Mezcla los aguacates en un molcajete junto con la cebolla, el ajo, cilantro y chile verde, integra perfectamente, pero deja que tenga una textura burda.

Dale un poco de sabor con Sal La Fina® y pimienta.

Pica el jitomate en cubos y tira encima al momento de servir.

Pon unas gotas de limón para evitar que se oxide.

Valor Nutrimental

E (K/cal)	188
HC (g)	8
Pt (g)	2
LT (g)	16
Col (mg)	0
Fb (g)	2
Na (mg)	508
Ca (mg)	21

Antes de empezar a saborear el menú típico que disfrutaría, le dimos el último trago al primer mezcal del día y cada uno se comió un gusanito mezcalero por los viejos tiempos. Ahora sí, estaba listo para comer, ¿cómo les vendría un terso mole verde oaxaqueño?

MOLE VERDE OAXAQUEÑO

Ingredientes:

½ k de carne maciza de puerco
1 k de espinazo de puerco
Ajo, cebolla, hierbas de olor y Sal La Fina® para cocer las carnes
½ k de tomatillos verdes sin cáscara asados
2 chiles de agua o serranos, asados
6 dientes de ajo
Clavo y pimienta al gusto
2 ramas de perejil
2 ramas de epazote
3 hojas de hierba santa o acuyo
Cilantro
½ taza masa de maíz
Cebollas y limones para aderezar
Sal La Fina®, la necesaria

Guarnición:

Ejote
Chayote
Papita cambray

Procedimiento:

Las carnes se ponen a cocer con agua suficiente, ajo, cebolla, hierbas de olor y Sal La Fina®.

Por separado se licuan los tomatillos verdes y los chiles, bien asados, con el ajo, el clavo y la pimienta. Se fríe todo a fuego suave hasta que se evapore el líquido y se forme una pastita aguada y allí se pone la carne junto con su caldo. Se deja hervir para que sazone todo junto. Posteriormente, se disuelve la masa en un poco de agua, se cuela con colador y se vacía en el guiso ya sazonado. Por último, se muelen las tres hierbas con un poco de agua y se cuelan. Cuando ya se va servir, se agregan las tres hierbas previamente molidas y coladas y ya no se deberá dejar hervir el guiso para que conserve lo verde. El guisado debe quedar ligeramente espeso.

Se sirve con cebolla y limones para aderezar al gusto.

Cortesía de Martina Escobar

Rendimiento:
6 porciones

Tiempo de preparación:
40 minutos

Valor Nutrimental
(El mole solo)

E (K/cal)	376
HC (g)	14
Pt (g)	11
LT (g)	30
Col (mg)	0
Fb (g)	4
Na (mg)	1495
Ca (mg)	116

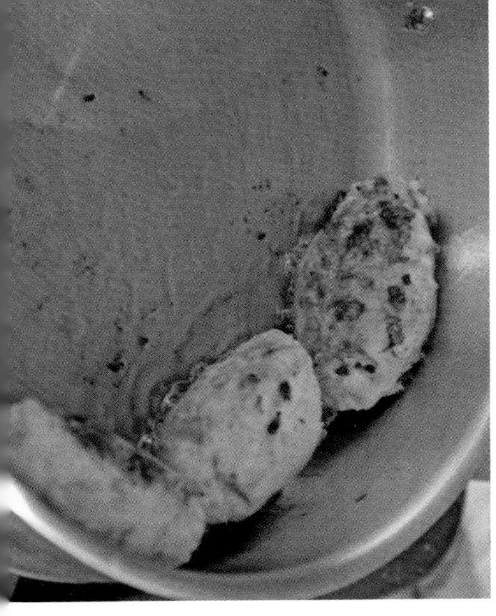

Apenas había terminado de disfrutar del perfumado mole verde y de aprovechar hasta la última gota de este colorido mole con un limpiador improvisado (pedazo de tortilla) cuando Martina sirvió el segundo plato: unos tiernos y suaves plátanos rellenos; y al centro, como para no dejar, unos inigualables tacos de tasajo bañados en salsa de chile chilhuacle, el sello picoso de la región y una variedad difícil de conseguir fuera de Oaxaca, además de ser muy costosos.

PLÁTANOS RELLENOS

Rendimiento:
4 porciones

Tiempo de preparación:
20 minutos

Ingredientes:

- 3 plátanos machos
- 3 tazas de agua
- ½ cucharadita de Sal La Fina®
- 2 cucharadas de harina
- 1 cucharada de azúcar blanca
- 1 taza de queso Oaxaca Lala® picado
- 1 taza de picadillo
- Aceite para freír
- Frijoles refritos

Procedimiento:

Pon a hervir los plátanos pelados y cortados en rodajas en agua con Sal La Fina®.

Haz puré los plátanos y mézclalos con la harina y el azúcar, pon en tus manos un poco de aceite y haz tortillas de un centímetro de grueso, rellénalas con el queso Lala® y picadillo, ciérralas haciendo la forma de un plátano pequeño.

En un sartén con aceite, fríe los plátanos hasta que tomen un color dorado por los dos lados, colócalos en papel absorbente.

Sírvelos después de freírlos, puedes acompañarlos con frijoles refritos si así lo deseas.

Cortesía de Martina Escobar

Valor Nutrimental

E (K/cal)	244
HC (g)	23
Pt (g)	12
LT (g)	12
Col mg	34
Fb (g)	2
Na (mg)	37
Ca (mg)	4

TACOS DE TASAJO

Rendimiento:
4 porciones

Tiempo de preparación:
20 minutos

Ingredientes:

- 1 cucharada de aceite
- 2 tazas de tasajo o cecina
- 1 cebolla picada
- ¼ taza de hojas de cilantro picadas
- 4 cucharadas de frijoles negros molidos
- Tortillas de maíz hechas a mano
- ¼ taza de queso Oaxaca Lala®
- Chapulines al gusto
- 2 cucharadas de crema Lala®

Procedimiento:

Fríe con un poco de aceite en la plancha o sartén el tasajo. Pica y reserva. Saltea cebolla picada con las hojas de cilantro y reserva.

Unta frijoles negros molidos sobre tortillas de maíz recién hechas, agrega el tasajo, la cebolla y cilantro, queso Oaxaca Lala® en tiras, chapulines y unos hilos de crema Lala®, calienta sólo un poco más.

Para enriquecer estos tacos sírvelos con guacamole o alguna salsa.

Cortesía de Martina Escobar

Valor Nutrimental	
E (K/cal)	742
HC (g)	50
Pt (g)	49
LT (g)	39
Col (mg)	85
Fb (g)	2
Na (mg)	1176
Ca (mg)	254

Después del gran banquete de bienvenida, Martina y sus hijos me llevaron a caminar por el centro histórico de la ciudad para hacer la digestión más rápido, con la promesa de un postre tradicional.

¡QUÉ BELLEZA OAXAQUEÑA!

El centro de la ciudad es un lugar realmente hermoso, su arquitectura colonial da muestra de la importancia de la ciudad de Oaxaca durante la Nueva España. Ahí, Arnoldo, el hijo de Martina, me contó que el ex convento de Santo Domingo de Guzmán era la edificación virreinal en pie más importante de México y quizá ¡de América! ¿Por qué? Fue lo mismo que le pregunté, y continuó explicándome que era gracias a su monumentalidad, con una superficie de casi 40 mil metros cuadrados; pero sobre todo, por el rol que desempeñó

como centro evangelizador durante la conquista. Actualmente, todo el centro histórico de Oaxaca es un área declarada Patrimonio de la Humanidad por la UNESCO.

Visitamos el Museo de las Culturas de Oaxaca, donde pude darme una idea muy clara del desarrollo histórico de la ciudad y conocer mucho más sobre las diferentes etnias que conviven en la región como los zapotecos, mixtecos, mixes, huaves, triquis, entre otros. También pude ver las famosas joyas de la tumba 7 de Monte Albán, y muchas más piezas arqueológicas de gran belleza que nos invitan a imaginar la trascendencia milenaria de nuestros ancestros.

Al salir de ahí, caminamos al Jardín Histórico Etnobotánico, que representa un esfuerzo interesante ya que no sólo busca mostrar la diversidad de la flora del Estado sino enseñarnos acerca de las técnicas de los cultivos tradicionales, con el objetivo de rescatar el conocimiento que los pueblos indígenas han acumulado acerca de la flora de su región.

...pero no crean que he olvidado el postre.

DULCE POESÍA

El postre que me esperaba no pudo ser mejor, Martina me llevó a una nevería, donde pude disfrutar de una dulce nieve de pétalos de rosa. Además de descubrir que sólo un pueblo con un profundo corazón poético como el de Oaxaca era capaz de usar las flores en numerosos platillos. Los claveles en la elaboración de conservas, las de cacao en el tejate, las de calabaza en empanadas, las gardenias en horchata y las flores de frijol en mole.

PLÁTANOS AL MEZCAL SOBRE HORCHATA CON VAINILLA

Rendimiento:
4 porciones

Tiempo de preparación:
15 minutos

Ingredientes:

- 4 plátanos tabasco
- 1 cucharada de azúcar mascabado de preferencia
- 2 cucharadas de mantequilla Lala®
- 1 caballito de mezcal
- 2 tazas de horchata

Procedimiento:

Pela y corta en rebanadas diagonales los plátanos, resérvalos un momento; mientras, en un sartén pon el azúcar, deja un poco y agrega la mantequilla Lala®.

Agrega los plátanos y el caballito de mezcal, enciende acercando al fuego o con un cerillo, flamea un poco hasta que empiecen a dorar los plátanos y sirve de inmediato.

Sirve sobre la horchata.

Valor Nutrimental

E (K/cal)	105
HC (g)	77
Pt (g)	0
LT (g)	4
Col (mg)	11
Fb (g)	0
Na (mg)	41
Ca (mg)	5

AGUA DE HORCHATA CON VAINILLA

Rendimiento:
4 porciones

Tiempo de preparación:
20 minutos

Ingredientes:

- ¼ taza de arroz blanco
- 1½ tazas de agua caliente
- 2 cucharadas de almendras peladas
- 1 cucharadita de canela molida
- 3 tazas de leche Lala®
- 4 cucharadas de azúcar
- 5 gotas de esencia de vainilla
- Una rajita de canela

Procedimiento:

Remoja el arroz en el chorro de agua y después en el agua caliente por unos minutos, escurre bien.

En tu licuadora mezcla el arroz y las almendras, pon en una olla a calentar junto con la leche Lala®, el azúcar, la vainilla y la rajita de canela; sólo calienta un poco para que cada ingrediente suelte su sabor, y cuela.

Deja enfriar y sirve acompañado de hielos.

Valor Nutrimental

E (K/cal)	437
HC (g)	30
Pt (g)	8
LT (g)	6
Col (mg)	15
Fb (g)	1
Na (mg)	101
Ca (mg)	230

CENA LIGERA

En las noches de Oaxaca se respira un aire mágico de cierta manera y es fácil comprender cuando caminas por sus calles salpicadas por las luces de los faroles, que personajes, como el reconocido artista juchiteco, Francisco Toledo, encuentren en estos parajes la inspiración necesaria para convertirse en lo que son: artistas reconocidos internacionalemente.

MOLE CHICHILO

Ingredientes:

- 1 k de pechuga de pollo
- ½ k de codillo de cerdo
- ½ k de costilla de res con carne
- 1 cebolla mediana
- 1 cabeza de ajo asada
- ½ k de ejotes
- ½ k de chayotes
- 6 chiles chilhuacle
- 3 chiles mulatos
- ½ taza de agua
- 1 tortilla quemada
- 2 clavos
- 6 pimientas
- 1 pizca de cominos
- 1 jitomate rojo asado
- 5 tomates verdes asados
- 6 hojas de aguacate asadas

Para los chochoyotes:

- 200 g de masa de maíz
- Manteca la necesaria
- Sal La Fina® al gusto

Procedimiento:

Cocina las carnes con la cebolla, la mitad de los ajos y la Sal La Fina®. Cuando estén casi cocidas, agrega los ejotes limpios y los chayotes sin cáscara y cortados en cuatro, cuida que las verduras no se sobrecuezan.

Asa, limpia y remoja los chiles sin semillas; tuesta las semillas hasta que tengan un color negro, enjuágalas con agua fría y licualas con agua.

Quema la tortilla a fuego directo, hasta que se ponga completamente negra y muélela muy bien junto con los clavos, la pimienta, los cominos, las semillas y los chiles con un poco de caldo, cuela y reserva.

Licua el jitomate con el tomate y el ajo asado.

Fríe todo en manteca caliente a fuego suave, hasta que se vea el fondo de la olla, agrega un poco de caldo en el que se cocieron las carnes y las hojas de aguacate asadas.

Prepara los chochoyotes, mezcla la masa con manteca y Sal La Fina® al gusto; toma bolitas del tamaño de una ciruela chica y házles un hoyito. Cuando esté hirviendo, incorpora los chochoyotes para que se espese la salsa, si es necesario agrega un poco más de caldo y deja cocinar.

Cuando estén cocidos los chochoyotes, integra las carnes y las verduras para que todo dé un hervor, verifica el sabor y reserva.

Cortesía chef Raúl Traslosheros

Rendimiento:
8-10 porciones

Tiempo de preparación:
60 minutos

Valor Nutrimental

E (K/cal)	473
HC (g)	24
Pt (g)	42
LT (g)	15
Col mg	119
Fb (g)	4
Na (mg)	349
Ca (mg)	109

MOLE COLORADITO

Rendimiento:
8-10 porciones

Tiempo de preparación:
40 minutos

Nota: En algunas recetas antiguas se menciona que puede llevar chocolate y servirse espesito como mole.

Ingredientes:

- 6 chiles guajillos o chilcoscle
- 250 g de chile ancho
- 1 cabeza de ajo chica, asada
- 1 cebolla mediana, asada
- ½ k de jitomate, asado
- ½ cucharada de canela molida
- 3 clavos molidos
- Pimienta al gusto
- ¼ cucharadita de tomillo
- 2 cucharadas de ajonjolí tostado
- Caldo de pollo, res o cerdo, al gusto
- Carne cocida de pollo, res o cerdo para servir, al gusto

Procedimiento:

Desvena los chiles, tuéstalos y remójalos en la menor cantidad de agua posible hasta que se suavicen.

Muele los chiles remojados con los ajos pelados y asados, la cebolla, el jitomate. Incorpora la canela, el clavo molido, la pimienta, el orégano, el tomillo y el ajonjolí; mezcla perfectamente.

Añade la preparación anterior al caldo, deja hervir y verifica el sabor, añade Sal La Fina® al gusto. Una vez que esté la salsa lista, baña las piezas de carne; si lo deseas, hierve 5 minutos antes de servir.

Se puede servir con pedazos de carne cocida o para preparar enchiladas rellenas de carne deshebrada espolvoreadas con queso y decoradas con aritos de cebolla.

Cortesía chef Raúl Traslosheros

Valor Nutrimental

E (K/cal)	459
HC (g)	31
Pt (g)	29
LT (g)	24
Col (mg)	94
Fb (g)	3
Na (mg)	95
Ca (mg)	108

MOLE NEGRO

Rendimiento:
15 porciones

Tiempo de preparación:
60 minutos

Nota 1: Cuando quemes las semillas abre las ventanas y ten un vaso de agua fría a la mano, cuando sientas que vas a empezar a toser toma traguitos de ésta, ayudará a que no empieces a toser ya que una vez que se empieza es difícil parar.
Nota 2: Por tradición el mole se debe hervir varias veces, rebajando la pasta un poco y volviendo a hervir hasta que vuelva a quedar como pasta, por lo cual se dice que para hacer un buen mole negro se lleva una semana.
Nota 3: Si no encuentras los chiles chilhuacles sustitúyelos por chile pasilla y mulato.

Valor Nutrimental

E (K/cal)	1196
HC (g)	94
Pt (g)	37
LT (g)	81
Col (mg)	125
Fb (g)	10
Na (mg)	206
Ca (mg)	379

Ingredientes:

- 750 g de chile chilhuacle negro
- 100 g de chilcoscle o chilhuacle rojo
- 200 g de pasilla mexicano
- ¼ de chile mulato (ancho negro)
- 100 g de chipotle meco
- 2 tlayudas
- 15 g pimientas enteras
- 8 clavos de olor
- 1 cucharada de orégano molido
- 1 raja de canela de 20 cm.
- ½ cucharadita de tomillo
- ¼ cucharadita de nuez moscada molida
- 1 cabeza de ajo
- 2 cebollas
- 125 g de pasas
- 125 g de almendras
- 125 g de cacahuates
- 125 g de nuez
- 125 g de ciruelas pasas
- 1 plátano macho
- 1 pan de yema
- 400 g de ajonjolí
- 1 litro de caldo de pollo, aprox.
- 1½ k de jitomate
- ½ k de tomate verde
- 5 tablillas de chocolate
- 250 g de azúcar
- 15 piezas de pollo cocido
- Hojas de aguacate al gusto
- Manteca, la necesaria

Continuación Mole Negro

Procedimiento:

Desvena los chiles, retira las semillas y las venas. Reserva las semillas.

Fríe los chiles en manteca cuidando que no se quemen para evitar que se amargue el mole y remójalos en suficiente agua para que los cubra.

Quema las semillas y las tlayudas hasta que se vean grises (abre las ventanas ya que el humo es muy molesto), déjalas reposar 2 días o enjuágalas en agua fría cambiando ésta 2 o 3 veces para quitarle el sabor a humo.

Muele los chiles con los condimentos, las semillas quemadas y las tlayudas, fríelo en una olla moviendo constantemente hasta que quede chinito (se forme una pasta), cuidando que el fuego no esté demasiado alto para evitar que se queme o brinque al hervir.

Fríe los ajos, la cebolla, las pasas, las almendras, el plátano, el pan de yema cortado en trozos y el ajonjolí, muélelo perfectamente usando la menor cantidad de caldo posible, tíralo en una olla y fríelo hasta que empiece a espesar y cambie ligeramente de color, agrégalo a los chiles junto con el chocolate y el azúcar, continúa friendo hasta que espese y tome consistencia de pasta.

Cuando se vaya a servir el mole hierve los tomates y los jitomates, licualos y agrégalos a la preparación, pon al fuego y mezcla hasta que tenga consistencia de pasta nuevamente.

Rebaja la pasta con caldo, si lo deseas hierve las piezas de pollo en el mole y sirve, si lo prefieres sólo báñalas con una porción de mole.

Cortesía chef Raúl Traslosheros

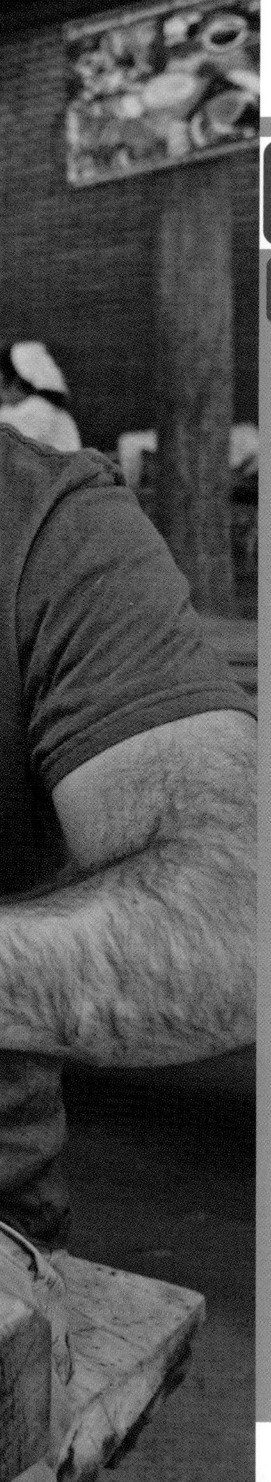

MOLE AMARILLO

Ingredientes:

Para el guisado:

- ½ k de carne maciza de res
- ½ k de costilla de res
- ½ k de chambarete de res
- Ajos y cebollas para cocer la carne
- ¼ k de ejotes
- 4 chayotes
- 2 chiles anchos
- 2 chiles guajillos
- ¼ k de tomate rojo
- ¼ k de miltomate
- 2 clavos
- Orégano
- 4 pimientas
- 1 pizca de comino
- 8 dientes de ajo
- Aceite o manteca suficiente
- Yerba santa
- Cilantro

Guarnición:

- Rajas de chile de agua
- Orégano
- Cebollas fileteadas
- Limones para aderezar
- Sal La Fina® al gusto

Para los chochoyotes:

- ½ k de masa de maíz
- 100 g de manteca o asiento
- Sal La Fina ®, la necesaria

Rendimiento:
10 porciones

Tiempo de preparación:
60 minutos

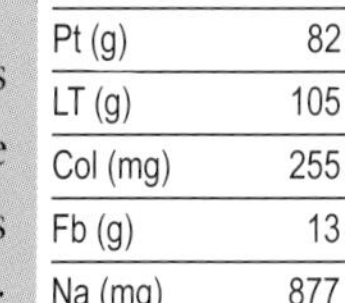

Valor Nutrimental

E (K/cal)	1615
HC (g)	99
Pt (g)	82
LT (g)	105
Col (mg)	255
Fb (g)	13
Na (mg)	877
Ca (mg)	652

Procedimiento:

Las carnes de puerco y de res se ponen a cocer con ajos, cebollas de rabo y Sal La Fina®. Cuando dé unos hervores se saca la espuma que forma; cuando están casi cocidas, se agregan las piezas de pollo (si se usó), los ejotes limpios, sin hebras y partidos por mitad, los chayotes pelados y partidos según el tamaño, las papas igual, y por último, las calabacitas, cuidando que quede la carne bien cocida y la verdura muy entera.

Los chiles se tuestan, se les sacan las semillas para que no piquen mucho y se ponen a hervir en poca agua con los tomates y miltomates; se muelen las especias y el ajo y se ponen a freír, colado todo en una cazuela con aceite o manteca. Cuando está bien frito, que ya se vea el fondo, se agrega el caldo en el que se cocieron las carnes, las hojas de yerba santa o de aguacate y los chochoyotes. Éstos se hacen revolviendo todos lo ingredientes y formando con las palmas de la manos unas bolitas pequeñas que se ahuecan con el dedo meñique. Se dejarán caer una por una en el caldo que deberá estar hirviendo a fuego suave. Al terminar de cocerse se revisa, y si hiciera falta, se agrega un poco más de masa disuelta en agua para que la salsa quede espesa. Se pone al final la carne y la verdura, se rectifica la sal y se deja que dé un hervor todo junto.

Cortesía de Martina Escobar

ZAACHILA

La mañana siguiente me desperté temprano y en el hotel sólo me tomé un jugo de naranja con zanahoria recién exprimidas. Tenía muchas ganas de conocer el mítico mercado de Zaachila, donde un gran amigo mío, el chef Miguel Palacios, me contó de la calidad de los productos que allí se venden traídos por los productores mismos desde las diferentes comunidades de Oaxaca. Productos frescos, recién cosechados y con la variedad que sólo un mercado tradicional puede ofrecer, además me dijo que en aquel lugar aún se practicaba el trueque y eso tenía que verlo.

El mercado de Zaachila está ubicado a 45 minutos de la ciudad de Oaxaca.

Al llegar me recibe una cálida sopa de colores y voces que ofrecen cualquier cantidad de productos,

desde frutas, vegetales y hierbas, hasta los infaltables chapulines, al natural o con limón y ajo, típicos de la región. Costales de chiles, desde el rojo intenso hasta los más oscuros. Sigo avanzando y llego al área de animales vivos: guajolotes (o "pípilos"), borregos, chivos y pollos. El lugar es una impresionante fiesta para los sentidos y el mejor alimento para el alma, "nuestras tradiciones laten fuerte".

El día de mercado es día de fiesta, de reunión familiar, de compartir con la gente de las comunidades vecinas a través del regateo y no tan sólo por el hecho de ahorrar, sino como sinónimo de interacción, de convivencia y de una forma de expandir la experiencia de esa gran celebración. "El día del mercado".

TLAYUDAS CASERAS

Rendimiento:
4 porciones

Tiempo de preparación:
15 minutos

Ingredientes:

- 1 taza de masa de maíz
- Un toque de Sal La Fina®
- Un toque de agua
- 1 taza de frijoles negros refritos
- 1 taza de tasajo
- ½ taza de queso Oaxaca Lala® deshebrado
- 1 taza de lechuga en juliana
- 1 aguacate en gajos
- 1 jitomate en rebanadas

Valor Nutrimental

E (K/cal)	588
HC (g)	27
Pt (g)	42
LT (g)	35
Col (mg)	119
Fb (g)	3
Na (mg)	1659
Ca (mg)	366

Procedimiento:

Para las tlayudas sólo pon la masa en un tazón de agua y tira una cucharada de agua y un toque de Sal La Fina®, amasa hasta que esté uniforme, haz unas bolitas de masa y aplasta en una máquina de tortilla (que no queden muy delgadas), pon en un comal con un poco de aceite y cuando estén bien cocidas reserva en un tortillero.

Unta las tortillas de frijoles, pon un poco de tasajo a cada una y un poco de queso deshebrado, dobla y calienta en el comal donde preparaste las tlayudas, cuando el queso Oaxaca Lala® esté fundido saca y sirve de inmediato.

Acompáñalo de la lechuga, el aguacate y el jitomate.

También puedes acompañarlas con alguna salsa.

AGUA DE HORCHATA CON GARDENIAS

Rendimiento:
4 porciones

Tiempo de preparación:
20 minutos

Ingredientes:

- ¼ taza de arroz blanco
- ½ taza de agua caliente
- 2 cucharadas de almendra pelada
- 1 cucharadita de canela molida
- 3 tazas de leche Lala®
- 4 cucharadas de azúcar
- Una rajita de canela
- 1½ tazas de gardenias

Procedimiento:

Deja enfriar los vasos en tu congelador.

Remoja el arroz en el chorro de agua y después en el agua caliente por unos minutos, escurre bien.

En tu licuadora mezcla el arroz y las almendras, pon en una olla a calentar junto con la leche Lala®, azúcar, canela y las gardenias, sólo calienta un poco para hacer una infusión y que cada ingrediente suelte su sabor.

Saca los vasos, tira a cada uno algunos hielos y el agua de horchata.

Valor Nutrimental

E (K/cal)	395
HC (g)	64
Pt (g)	10
LT (g)	11
Col (mg)	10
Fb (g)	2
Na (mg)	72
Ca (mg)	156

Pasé todo el día recorriendo las comunidades de la zona, intercambiando experiencias inolvidables con la gente, conociendo más de sus costumbres y alimentación. En Huautla de Jiménez pude ver y comprar unos hermosos trajes regionales elaborados en telar de cintura. En San Bartolo Coyotepec presencié la elaboración de diversos productos en barro negro, realizados manualmente y cocidos en un horno bajo tierra. Ahí supe que Coyotepec significa "Cerro del Coyote", que la tierra con la que se realiza esta particular artesanía se extrae de un lugar cercano al pueblo y que dicha tierra tiene propiedades especiales pues es al hornearse cuando adquiere su color negro característico y el sonido cristalino de esta cerámica. Aprendí un poco más sobre la cultura oaxaqueña y sobre lo que significan las palabras: familia, trabajo, sabor y el orgullo por cada una de ellas.

Siguiente parada: Chiapas.

7 REGIONES DE OAXACA

1. La Costa Pochutla, Juquila, Jamiltepec, son algunos de los distritos de esta región, con una extensión de 10,700 km^2.

Entre sus playas está Puerto Ángel, Mazunte y las Bahías de Huatulco.

Aquí encontrarás el exquisito ceviche de tichinda, pescadillas o mojarras preparadas a la parrilla o envueltas.

2. Cañada Cuicatlán, Teotitlán, San Martín Toxpalan son algunas de sus principales ciudades, con una extensión de 4,300 km^2.

Atravesada por los ríos Grande y Tomellín, hay una gran diversidad de frutas y el famoso chileatole.

3. Istmo de Tehuantepec Disfruta de una mojarra recién pescada, las tlayudas rellenas de picadillo y su mole colorado, de un tamal de iguana y los tradicionales encurtidos de nanche, ciruela o capulín.

Separa al Océano Pacífico del Golfo de México, de 16,700 km^2 y sus distritos Juchitán y Tehuantepec.

4. Mixteca Encuentra los deliciosos tamales canarios, acompañados de un inolvidable champurrado.

Un pozole huajuapense, pozole mixteco o picadillo estilo Tlaxiaco.

Algunos de sus distritos son Huajuapan, Tlaxiaco, Coixtlahuaca, Juxtlahuaca, Nochixtlán. Su extensión es de 12,900 km^2.

5. La Sierra En la sierra sur encontramos Putla, Tlacolula, Juquila, Miahuatlán, entre otros, en la del norte Yautepec, zona mixe, Villa de Alta e Ixtlán.

Disfruta un delicioso café de la sierra, leche quemada, un desayuno con los hongos que se dan en temporada.

6. Papaloapan Dulces de leche, tamales de yuca, de plátano, el caldo paisano que se prepara en las fiestas, ricas tortillas raspadas, el dulce de yuca hecho con piloncillo.

Al norte limita con el estado de Veracruz, rodeada por el río Papaloapan, encontrarás Choapan, Tuxtepec, el municipio de Jalapa de Díaz, San José Chiltepec.

7. Valles Centrales Localizada en el centro del estado, Zimatlán, Centro de Tlacolula, Ocotlán y Ejutla, entre otros.

Unas rajas de chile de agua y chiles rellenos con salsa de tomate verde.

Se cultiva café, níspero y durazno.

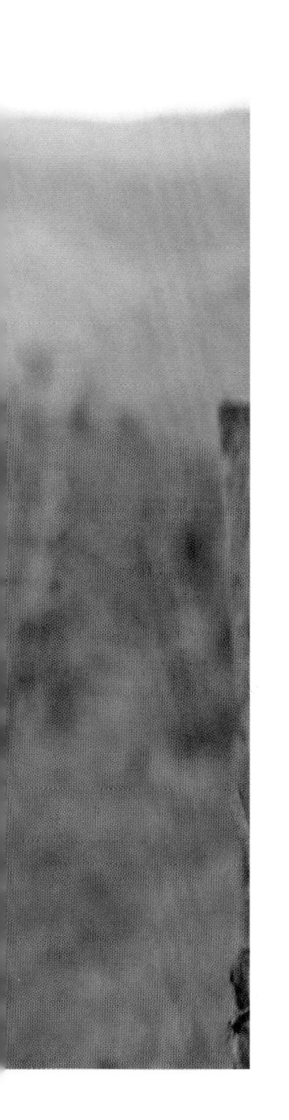

CHIAPAS

Esta vez hice algo que por lo general no hago, viajar de noche. Llegué muy cerca de Tuxtla Gutiérrez a la medianoche, y dormí profundamente. A las 8 de la mañana me despertó un calor que hacía mucho no sentía y al asomarme al balcón, lo primero que vi fue a un campesino que transportaba tremendos costales de maíz en burro. Lo seguí con la mirada un momento y al alzar la vista pude ver el mercado al fondo, el señor descargó sus costales de maíz y los colocó junto a otros del mismo producto y acto seguido vinieron a mi

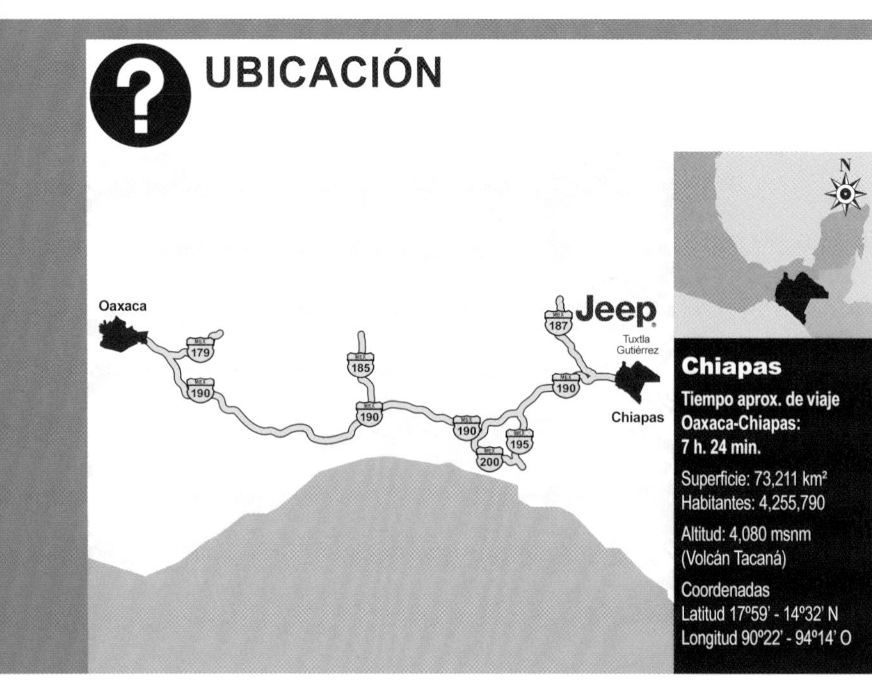

mente todas las recetas elaboradas con maíz en este maravilloso estado: bebidas, postres, platos fuertes, sopas, ensaladas, dulces; en fin, tuve la certeza en ese instante de que en Chiapas disfrutaríamos del maíz.

Chiapas desde hace más de 3 mil años ha sido la casa de sofisticadas culturas como los olmecas y mayas. A lo largo de todo el territorio se extienden sitios arqueológicos de gran belleza que atraen a turistas e investigadores de todo el mundo. Algunos autores sostienen que su nombre en náhuatl, "Chiapán", significa río de la chía, que es un fruto que crece en la zona. Otros dicen que su nombre es "Chiatlpan", que es "el lugar que está sobre el agua de abajo", refiriéndose a los grandes afluentes que riegan gran parte de la superficie del estado, como lo hace el río Grijalva y el caudaloso Usumacinta. Chiapas tiene una riqueza natural que me atrajo como imán y apenas podía esperar para hacer mi primera visita al Cañón del Sumidero. Sin embargo, antes había que llenar el tanque con un buen desayuno.

DESAYUNO CON MARIMBA

No hay nada mejor para desayunar, y sobre todo pensando en todo el recorrido que me esperaba, que comenzar disfrutando de un alimento energético preparado con el sabor típico de la región. Por eso, decidí ir al centro de Tuxtla y sentarme en uno de los restaurantes ubicados frente a plaza principal, donde los músicos locales terminaban de instalar la marimba y atacaban las teclas con sus baquetas, entonando melodías alegres, perfectas para saborear un tamal de chipilín y otro tamal de cambray, acompañados con un poderoso jugo energético estilo Oropeza que le pedí al capitán de meseros me preparara.

TAMALES DE CHIPILÍN

Ingredientes:

Para la masa:

- Hojas de plátano o de maíz, las necesarias
- 1 k de masa de maíz para tortilla
- ¼ k de manteca de cerdo
- Sal La Fina® al gusto
- 1 manojo de chipilín (sólo las hojas)

Para la salsa:

- 3 jitomates asados
- 1 cebolla chica asada
- 2 dientes de ajo asados
- 200 g de camarones secos, limpios y sin cabeza
- 1 pechuga de pollo cocida y deshebrada

Rendimiento:
15 porciones

Tiempo de preparación:
60 minutos

Nota: En algunas partes de Chiapas los envuelven en hojas de maíz (totomostle).
En algunas variantes de esta receta se fríen los camarones secos, limpios antes de incorporarlos al relleno, y se acompañan con una salsa hecha de jitomate, ajo, cebolla, cilantro picado, y con el chile picante de su preferencia.
En otras variantes de esta receta se sustituye la manteca por 1/8 de litro de aceite y se suaviza la masa con caldo de huesos de cerdo con todo y la grasa que suelten, siendo importante dejar que se enfríe totalmente antes de formar los tamales.

Valor Nutrimental

E (K/cal)	330
HC (g)	23
Pt (g)	16
LT (g)	19
Col (mg)	21
Fb (g)	1
Na (mg)	464
Ca (mg)	177

Procedimiento:

Corta las hojas de plátano en trozos de 30 cm y sumérjelas en agua caliente hasta que se suavicen. Si usas las hojas de maíz, remójalas en agua tibia hasta que estén flexibles.

Mezcla la masa con la manteca y la Sal La Fina®; bate muy bien, incorpora la mitad de las hojas de chipilín.

Licua el jitomate, la cebolla, el ajo y Sal La Fina® al gusto, hierve y añade los camarones secos y la carne de pollo, añade el resto de las hojas de chipilín.

Coloca una cucharada de masa en cada hoja, extendiéndola ligeramente, y pon en el centro un poco de recaudo o salsa.

Envuelve de los lados hacia adentro doblando las puntas.

Coloca los tamales en una vaporera con agua y una rejilla; deja cocer aproximadamente 50 minutos.

Cortesía chef Jorge Álvarez

TAMAL DE CAMBRAY

Rendimiento:
4 porciones

Tiempo de preparación:
45 minutos

Ingredientes:

- 8 hojas de maíz
- 1½ tazas de caldo de pollo
- 4 tazas de masa de maíz
- 7 cucharadas de manteca vegetal
- 2 cucharaditas de polvo de hornear
- ½ taza de chícharos cocidos
- 6 calabacitas en cubos
- 6 zanahorias en cubos
- 4 papas medianas en cubos
- 1 taza de ejotes picados
- 1 taza de cilantro picado
- 2 tazas de pechuga de pollo cocida y deshebrada
- Un toque de Sal La Fina®

Procedimiento:

Pon a remojar las hojas de maíz en agua caliente; escúrrelas y reserva.

Agrega el caldo de pollo a la masa y revuélvela bien.

En tu batidora, mezcla la manteca con el polvo de hornear hasta que esponje y agrega poco a poco la masa de maíz, sigue batiendo y agrega los vegetales en crudo, el cilantro picado y el pollo, rectifica su sabor con un toque de Sal La Fina®.

Rellena las hojas de maíz por la parte gruesa con un poco de la mezcla y ciérralas bien, cocina los tamales en una vaporera 45 minutos aproximadamente o hasta que la masa se desprenda fácilmente de las hojas.

Sirve los tamales calientes con todo y hoja, adorna con una rama de cilantro fresco.

Valor Nutrimental

E (K/cal)	360
HC (g)	46
Pt (g)	21
LT (g)	10
Col (mg)	35
Fb (g)	5
Na (mg)	215
Ca (mg)	122

JUGO ENERGÉTICO

Rendimiento:
1 porción

Tiempo de preparación:
5 minutos

Ingredientes:

- 2 zanahorias
- 1 manzana roja
- 1 trozo pequeño de jengibre

Procedimiento:

Lava las zanahorias y las manzanas, pero sin retirar la cáscara. Pela el jengibre y mete todos los ingredientes al procesador.
Disfruta de inmediato.

Valor Nutrimental

E (K/cal)	10
HC (g)	2
Pt (g)	0
LT (g)	0
Col mg	0
Fb (g)	1
Na (mg)	6
Ca (mg)	5

Los tamales me dieron la cantidad perfecta de carbohidratos o energía y vitaminas que mi cuerpo necesitaba para comenzar el día con la pila requerida en el inicio de la aventura chiapaneca. ¡Ah!, se me olvidaba. Los músicos de los portales me invitaron a ir esa misma tarde a las 6 en punto a la plaza principal, porque es tradición en Tuxtla bailar todos los días a esa hora lo mejor de la música chiapaneca.

PODEROSA TRADICIÓN

Chiapa de Corzo: a 15 km de Tuxtla Gutiérrez, en el corazón del estado de Chiapas se encuentra ubicada una ciudad pequeña cuya tradición e importancia no es medida por sus dimensiones, la vigorosa Chiapa de Corzo.

Reconoces que has llegado cuando te recibe el hermoso monumento a la "Chiapaneca", con su tradicional falda volada y una mirada que se pierde en el horizonte del río Grijalva.

Chiapa de Corzo estaba poblada originalmente por la etnia soctoná y fueron ellos quienes de manera aguerrida convirtieron la ciudad prehispánica en uno de los puntos que opuso mayor resistencia a la conquista. Liderados por Sanguieme, fue la única etnia que no se rindió, aguantando los embates de numerosas expediciones armadas, hasta que finalmente fue casi exterminada. Pero el espíritu de los soctoná sigue vivo.

Sitios de interés: el Ex Convento de Santo Domingo, la isla de Cahuaré, la enorme campana de la iglesia de Santo Domingo y el quiosco-corona.

Historia y una poderosa tradición se respira en el aire, por eso se dice que Chiapa de Corzo es la base de la identidad cultural para Chiapas y creo que no es gratuito que en el escudo del Estado se encuentre representado el Cañón del Sumidero, mi siguiente aventura.

NAVEGANDO EL ESCUDO DE CHIAPAS

Caminé hasta el embarcadero de la ciudad, desde donde puedes realizar un fascinante recorrido y conocer las entrañas de la majestuosa falla geológica que dio origen al Cañón del Sumidero. Me subí en una pequeña embarcación manejada por Pedro y en compañía de una pareja de recién casados (Jonás y Sofía) que decidieron pasar su luna de miel en el sureste del país. Pedro nos contó que el trayecto navegable es de 32 km y que es un recorrido que el agua realiza desde hace millones de años. Una erosión que ha esculpido estas montañas hasta desenterrar de las paredes verticales de casi mil metros, una de las vistas más increíbles de México.

Es ahí donde la naturaleza muestra su voluntad alimentando una selva, con encinares y pastizales, hogar para simpáticas criaturas como el mono araña, el oso hormiguero, además de un centenar de especies neotropicales. Jonás y Sofía estaban tan maravillados como yo y fue muy fácil hacernos amigos durante el viaje, así que les prometí que volviendo a tierra los invitaría a probar lo mejor de la cocina local, a ellos y, por supuesto, también a Pedro. ¿Se les antoja un cochito?

RECETAS INOLVIDABLES

Acompañado de mis nuevos amigos, volvimos al embarcadero y de ahí directo y sin escalas a Chiapa de Corzo, donde a unas cuadras de "La Pila" está ubicado el mercado. Ahí, Pedro y yo empezamos a pedir varios platillos típicos para compartir con los recién casados, deseándoles toda la suerte del mundo. Pedimos pepita con tasajo, puerco con arroz y cochito horneado, del que les comparto su jugosa y aromática receta.

COCHITO HORNEADO

Ingredientes:

1 lechón (cochito) o 1 pieza de carne de cerdo entera, lomo de cerdo o corona

Para la Marinada:

1 cebolla
2 ajos
4 piezas de chile guajillo, asados y remojados
2 piezas de chile ancho, asados y remojados
½ taza de aceite
1 cucharada de salsa inglesa
Sal La Fina®
Pimienta
½ taza de vinagre
½ taza de vino blanco
Orégano
Tomillo
2 naranjas (sólo el jugo)
1 limón

Para la salsa:

1 taza de vino blanco
1 cucharadita de salsa inglesa
½ taza de agua
Un toque de pimienta
Un toque de Sal La Fina®
1 cebolla blanca picada finamente
1 lechuga francesa picada

Rendimiento:
4 porciones

Tiempo de preparación:
30 minutos

Valor Nutrimental

E (K/cal)	490
HC (g)	10
Pt (g)	38
LT (g)	30
Col mg	118
Fb (g)	1
Na (mg)	417
Ca (mg)	52

Procedimiento:

Precalienta tu horno a 200 °C.

Para la marinada licua todos los ingredientes, cubre la pieza de cochito y déjala reposar en tu refrigerador toda la noche.

Elimina el exceso de grasa de la pieza de cerdo; con un cuchillo fino haz pequeños orificios hasta el hueso para que absorba los jugos y no quede seca.

Colócala en una charola para horno, agrega un poco de su marinada encima, tápala con papel aluminio y hornéala 30 minutos, luego quita el papel y vuelve a hornear para dorarla. Déjala enfriar un poco antes de cortarla.

En la misma charola donde la horneaste, agrega vino blanco y el agua para despegar todos los sabores que quedaron al hornear y agrega esta salsa a una olla, agrega la salsa inglesa y un poco de la marinada de la carne, rectifica su sabor con un toque de Sal La Fina® y pimienta, deja hervir unos minutos para que espese.

Sirve el cochito cortado en piezas grandes acompañado de su salsa y decóralo con cebolla y lechuga.

"Barriga llena, corazón contento". Ése era el ánimo cuando nos paramos de las mesas del mercado, donde caminamos un poco más para acelerar la digestión. Así fue cómo me topé con una hermosa mujer indígena que nos ofreció unas hamacas de vivos colores a sólo 100 pesos. Compré una para mí y una más para Jonás y Sofía, sería mi regalo de bodas y de despedida, pues mi recorrido aún tenía muchos kilómetros por delante. ¡Vámonos a San Cristóbal!

SAN CRISTÓBAL DE LAS CASAS

"San Cris", así es apodada por los jóvenes provenientes de todas partes de la República y del mundo. Esta acogedora ciudad colonial se ha convertido en sede multicultural del Estado de Chiapas. El recorrido desde Chiapa de Corzo hasta acá es de 56 kilómetros a través de una carretera que va bordeando hermosas montañas cubiertas por tupidos follajes selváticos y una bruma o neblina que me recuerda la película "Gorilas en la Niebla".

El clima va de templado a frío y cuando vas entrando a la ciudad, si llegas al caer el sol, podrás apreciar el descenso de una delgada capa de niebla que como les dije anteriormente, me recuerda a una olla de barro con frijoles en plena ebullición, o a la peli que les mencioné.

Al llegar, el colorido rojizo de los techos de teja a dos aguas, la convivencia de tradiciones diferentes, las fachadas coloniales de casas y edificios gubernamentales, el perfume de sus cafeterías que tuestan los granos perfumando le da a las calles un aroma penetrante que despierta al más cansado, y a mí me provocó unirme a la vida nocturna del "Pueblo Mágico", como es llamado.

EMBUTIDOS DE SAN CRIS

Una de las especialidades de la gastronomía de San Cristóbal de las Casas son los embutidos, cuya técnica y especialización fueron traídas a esta tierra por los inmigrantes alemanes. Jamón, lomo, chorizo, pero especialmente la butifarra, gozan de una fama muy merecida. Así que aplicando otro refrán, "honor a quien honor merece", les comparto la receta de esta suculenta hamburguesa que me vino a la cabeza mientras compraba una buena dotación de embutidos coletos, gentilicio de la gente de "San Cris".

HAMBURGUESA DE EMBUTIDOS SOBRE CAMA DE LECHUGAS Y CHUTNEY DE MANGO

Hamburguesa
Rendimiento:
4 porciones

Tiempo de preparación:
30 minutos

Chutney de mango
Rendimiento:
1 taza

Tiempo de preparación:
10 minutos

Tip: El chutney también lo puedes hacer de piña y manzana o de las tres frutas juntas.

Ingredientes:

Hamburguesa:

7 rebanadas de jamón de pavo
6 rebanadas de lomo de cerdo
5 rebanadas de jamón serrano
⅔ de taza de pan molido
2 cucharadas de perejil picado
1 cucharada de jugo de carne
½ taza de queso manchego Lala® rallado
2 piezas de huevo
1 diente de ajo picado
2 cucharadas de cebolla picada
Un toque de Sal La Fina® y pimienta
Un toque de aceite

Chutney de mango:

1 taza de mango en almíbar
2 cucharadas de tallos de cilantro picados
Una cucharadita de jengibre picado
1 pieza de chile de árbol o
5 piezas de chile simojovel
2 cucharadas de miel de abeja
1 tazón de hojas de lechuga francesa

Para decorar:

Almendras fileteadas y tostadas

Procedimiento:

Muele en un molino para carne el jamón de pavo, el lomo de cerdo y el jamón serrano. En un tazón mezcla con pan molido, perejil, jugo de carne, queso manchego Lala®, huevo, ajo y cebolla, tira un toque de Sal La Fina® y uno de pimienta, mezcla hasta que quede una consistencia pastosa, forma bolas del mismo tamaño y aplana.

Para el chutney pon en una olla el mango picado burdamente, tira los tallos de cilantro, jengibre, el chile de árbol picado o el chile simojovel, miel, y deja integrar un poco, la consistencia es parecida a una mermelada.

Fríe en un poco de aceite las hamburguesas; cuando estén doradas sácalas, sirve en una hoja de lechuga y a un lado coloca un recipiente con el chutney.

Tira encima algunas almendras fileteadas.

Valor Nutrimental

E (K/cal)	490
HC (g)	10
Pt (g)	38
LT (g)	30
Col (mg)	118
Fb (g)	1
Na (mg)	417
Ca (mg)	52

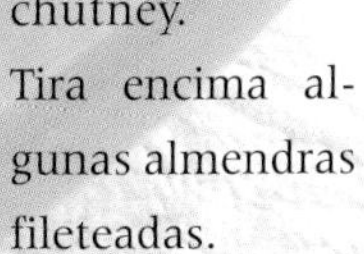

¡NOCHE DE FIESTA!

Tras varios días de tranquilidad tenía ganas de disfrutar de la noche en San Cris. Con el estómago lleno y mi cuerpo procesando las proteínas que me darían la fuerza para una buena noche de fiesta regresé al hotel para darme un regaderazo y prepararme para salir.

Entré a uno de los muchos bares donde un grupo de jazz conformado por mexicanos, franceses y un japonés creaban un ambiente maravilloso, al tiempo que yo disfrutaba de una muy refrescante michelada.

MICHELADA CUBANA

Ingredientes:

- 1 limón
- ½ cucharada de chile piquín
- 1 cucharada salsa inglesa
- 1 cucharada jugo sazonador de carne
- Un toque de salsa picante
- 1 cucharada de chamoy líquido
- 1 limón
- ¼ de taza de jugo de tomate con almeja
- Hielos
- 1 cerveza

Rendimiento:
1 porción

Tiempo de preparación:
5 minutos

Procedimiento:

Unta la orilla del tarro con limón y escarcha con chile piquín, mete al refrigerador.

Mezcla en el tarro bien frío la salsa inglesa, sazonador de carne, salsa picante y chamoy líquido, agrega el jugo de limón, el jugo de tomate con almejas, hielos y por último la cerveza.

Valor Nutrimental

E (K/cal)	229
HC (g)	28
Pt (g)	7
LT (g)	2
Col (mg)	0
Fb (g)	1
Na (mg)	91
Ca (mg)	59

El ambiente de la noche es internacional, lleno de jóvenes que comparten sin problemas sus idiosincrasias y que se acercan a conversar contigo sin mayor motivo que conocerte. Así, Ina de Alemania, Jake de Arkansas, Gloria de Colombia, Maru de Veracruz, Inti de Hidalgo y muchos más intercambiaron sus experiencias y lugares que debía conocer a lo largo de mi aventura, que aquella noche tomó un giro inesperado cuando Fernando, el coleto de nacimiento nos invitó a su casa a tomar una bebida tradicional hecha a base de caña de azúcar. Una bebida que dijo, "no podíamos perdernos si quería decir que había ido a San Cris". ¿El nombre de la bebida? Posh.

¿Grados de alcohol? Todos. ¿Efecto? *Knockout*...

AL DÍA SIGUIENTE...

Lo único que puedo decirles a los que se animen a echarse unos tragos de posh es, aguas con la cruda (resaca): sentía que la cabeza me iba a explotar, así que salí a buscar algo revitalizante en dirección al zócalo, sin saber que la solución estaba a unos pasos de mí: el mercado ubicado a un costado de la Catedral de San Cristóbal de las Casas. Éste fue mi desayuno coleto contra la resaca:

FRIJOLES CON CHIPILÍN

Rendimiento:
8 porciones

Tiempo de preparación:
30 minutos

Nota: Estos frijoles se acostumbran servir para acompañar tamales.

Valor Nutrimental

E (K/cal)	241
HC (g)	40
Pt (g)	15
LT (g)	2
Col (mg)	0
Fb (g)	3
Na (mg)	503
Ca (mg)	138

Ingredientes:

- ½ k de frijol negro
- ½ cebolla
- 1 diente de ajo
- 1 cucharada de aceite
- Sal La Fina® al gusto
- 250 g de hoja chipilín

Procedimiento:

Remoja los frijoles desde la víspera, cambia el agua y cuécelos con la cebolla, el ajo y el aceite.
Una vez cocidos se agrega la Sal La Fina®, el chipilín y se dejan a que suelten un hervor antes de servir.

Cortesía chef Jorge Álvarez

JUGO DE NARANJA CON CARAMBOLO, MELÓN Y MANGO

Rendimiento:
2 porciones

Tiempo de preparación:
15 minutos

Presentación: jícaras con flores tropicales y atado de mecate.

Ingredientes:

½ melón
1 mango
1 carambolo
2 naranjas

Procedimiento:

Limpia el melón y el mango para tener sólo la pulpa, en un extractor de jugos mete el carambolo, melón y mango.

Exprime las naranjas y junta con el jugo del extractor, mueve ligeramente, este jugo es ideal por las mañanas, tómalo apenas lo hayas hecho.

Valor Nutrimental

E (K/cal)	46
HC (g)	10
Pt (g)	1
LT (g)	0
Col (mg)	0
Fb (g)	1
Na (mg)	10
Ca (mg)	17

Glucosa, eso era lo que mi cuerpo necesitaba para superar la descompensación. A los pocos minutos sentí cómo el alma me volvía al cuerpo gracias al jugo que les mencioné y, claro está, al inigualable café chiapaneco.

Para el principal estado productor de café dedico este dulce postre.

SEMIFREDO DE CAFÉ

Ingredientes:

1 taza de crema para batir
½ taza de azúcar
1 taza de queso crema Lala®, bajo en grasa
2 cucharadas de extracto de café
½ taza de chocolate semiamargo rallado
½ taza de chocolate blanco rallado
½ taza de chocolate de leche rallado
½ taza de almendras peladas
½ taza de hojuelas de cereal

Para decorar:

Zarzamoras
Frambuesas
Fresas
1 cucharada de mantequilla Lala®
1 cucharada de azúcar
1 cucharadita de canela
Obleas won ton o tortillas de harina

Rendimiento:
12 porciones

Tiempo de preparación:
20 minutos

Valor Nutrimental

E (K/cal)	554
HC (g)	41
Pt (g)	17
LT (g)	33
Col (mg)	25
Fb (g)	2
Na (mg)	388
Ca (mg)	257

Procedimiento:

En tu batidora mezcla la crema para batir junto con el azúcar, cuando empiece a espesar mezcla con el queso crema Lala® y el extracto de café, deja enfriar unos 10 minutos.

Cubre un molde para panque con papel encerado, coloca una capa de chocolate semi-amargo rallado tira la mitad de la mezcla de café, coloca una capa de chocolate blanco rallado y tira el resto de la mezcla, acaba con un poco de chocolate de leche rallado, almendras troceadas y hojuelas de cereal.

Mete a tu refrigerador por 30 minutos para que endurezca y esté bien frío. Sírvelo con frutas rojas salteadas en mantequilla Lala® y canela y decora con obleas de won ton fritas.

El día transcurrió de manera tranquila y aproveché para visitar los museos que me recomendaron las amistades que hice la noche anterior: el Museo del Café y el Museo Mesoamericano del Jade. Ambos una experiencia que no deben perderse.

MILPAS Y CULTIVOS

Para la una del día me sentía completo y partí rumbo a Palenque, 190 km me separaban de mi destino.

El clima estaba de mi lado, el sol iluminó todo el trayecto. Numerosos sembradíos decoraban la carretera con los frutos que se recolectarían durante la cosecha; no pude evitar la tentación y cuando vi trabajadores en las milpas me detuve a conocer un poco sobre su labor.

Don Matías me comentó que trabaja las milpas desde niño y que aprendió el oficio gracias a su padre, historia que él repite con el pequeño Matías, fanático de los Pumas de la Universidad Nacional, cuando regresa de la escuela, tema que me dio mucho gusto (me refiero a que asista a la escuela... no que le vaya a los Pumas).

Con algunas mazorcas tiernas que me regaló Don Matías seguí mi camino a Palenque, pero la experiencia de conocer los secretos escondidos en los cultivos de maíz me provocó hacer una nueva esca-

la. En esta ocasión, en una granja de cultivo de tomates.

Ahí tuve oportunidad de conocer un invernadero con riego hidropónico; sinónimo de modernidad y prosperidad; al mismo tiempo descubrí los grandes controles de higiene y seguridad que permiten que nuestros jitomates se vendan en el mundo entero.

El tiempo del camino de San Cristóbal a Palenque era de poco más de 3 horas, sin embargo, las escalas que hice duplicaron la jornada.

A las 6:20 de la tarde llegué muerto de hambre a un restaurante ubicado cerca del sitio arqueológico, que goza de gran fama por sus pizzas. Hice lo propio y me senté a disfrutar una crujiente y aromática pizza a la leña, y mientras la difrutaba, se me ocurrió esta receta que te comparto y que queda ¡simplemente impresionante! Imagínate esto... dulces y coloridos higos, crujiente arúgula y el espléndido sabor de la proteína en forma de jamón serrano; además de una refrescante ensalada de berros con vinagreta de miel y limón.

PIZZA DE HIGOS Y JAMÓN SERRANO

Ingredientes:

- Un toque de aceite de oliva
- 1 diente de ajo picado
- 2 cucharadas de cebolla picada
- 3 jitomates picados burdos
- 2 hojas de laurel
- 1 rama de tomillo
- Un toque de Sal La Fina®
- Un toque de pimienta
- 4 piezas de pan árabe
- 12 rebanadas de jamón serrano
- 1 taza de higos en cuartos
- 1 taza de arúgula limpia

Rendimiento:
4 pizzas

Tiempo de preparación:
15 minutos

Procedimiento:

Acitrona el ajo y la cebolla, agrega el jitomate, las hojas de laurel y tomillo, deja integrar un poco, tira la Sal La Fina® y la pimienta, sólo deja un momento ya que queremos una salsa burda; deja enfriar un poco.

Toma las cuatro piezas de pan árabe y calienta ligeramente, úntales un poco de la salsa, tres rebanadas de jamón serrano a cada una, unos higos y arúgula. Sirve en una tabla de madera, se verá exquisita.

Valor Nutrimental

E (K/cal)	350
HC (g)	38
Pt (g)	20
LT (g)	11
Col (mg)	42
Fb (g)	2
Na (mg)	1100
Ca (mg)	170

ENSALADA DE BERROS CON VINAGRETA DE MIEL Y LIMÓN

Ingredientes:

Ensalada:

- 2 tazas de berros limpios
- 1 taza de lechuga escarola limpia
- 1 taza de rábanos
- ½ taza de ciruela en gajos
- ½ taza de almendras fileteadas y tostadas

Vinagreta:

- 3 cucharadas de aceite de oliva
- 1 cucharada de jugo de limón
- 2 cucharadas de miel
- Un toque de Sal La Fina®

Rendimiento:
4 porciones

Tiempo de preparación:
15 minutos

Procedimiento:

Mezcla en un tazón los berros, lechuga escarola, rábanos, ciruela y las almendras, revuelve suavemente. En otro tazón pon el aceite de oliva, tira el jugo de limón y mezcla con un batidor, tira la miel y dale un toque de pimienta para resaltar el sabor.

Sirve en un platón la mezcla de los berros y justo antes de servir, la vinagreta de miel.

Valor Nutrimental	
E (K/cal)	262
HC (g)	13
Pt (g)	9
LT (g)	20
Col (mg)	0
Fb (g)	4
Na (mg)	280
Ca (mg)	41

PALENQUE

Después de disfrutar el sabor ahumado de aquella pizza, decidí que lo mejor para disfrutar plenamente la visita a uno de los sitios arqueológicos más impresionantes de México era ir a descansar. Palenque me estaba esperando y sólo 8 horas de sueño, además de un suculento desayuno, me separaban de él.

Para desayunar decidí que lo mejor sería hacer una buena combinación de proteínas y carbohidratos, fuerza y energía, eso era lo que mi cuerpo necesitaría a lo largo del recorrido por la ciudad de Pakal.

El menú para empezar el día sería: coctel de frutas, trío de enchiladas en salsa de elote, tomate y frijol.

COCTEL DE FRUTAS CON YOGURT DE MENTA Y MIEL

Rendimiento:
4 porciones

Tiempo de preparación:
15 minutos

Ingredientes:

- 1 taza de papaya en cubos
- 1 taza de melón en forma de perlas
- 1 taza de kiwi en cubos
- 1 taza de sandía en perlas
- 3 cucharadas de miel
- 1½ tazas de yogurt natural
- ¼ taza de hojas de menta

Procedimiento:

Mezcla en un tazón todas las frutas, para las perlas si no tienes una parisina, no te compliques y hazlo con una cuchara de medir, la idea es jugar con las formas.

Mezcla en un tazón la miel junto con el yogurt, tira la mitad de las hojas de menta picadas, guarda la otra mitad para decorar.

Sirve la fruta en copas o tazones individuales y tira encima el yogurt con miel y menta, decora con las hojas.

Valor Nutrimental

E (K/cal)	201
HC (g)	35
Pt (g)	6
LT (g)	4
Col (mg)	12
Fb (g)	3
Na (mg)	60
Ca (mg)	166

TRÍO DE ENCHILADAS DE ELOTE, TOMATE Y FRIJOL

Enchiladas verdes

Ingredientes:

- 8 piezas de tomate
- 1 diente de ajo
- 1 cucharada de cebolla
- ½ taza de caldo de pollo
- 2 piezas de chile verde
- 1 ramita de cilantro
- 4 piezas de tortillas de maíz
- ⅓ de taza de pechuga de pollo cocida y deshebrada
- Un toque de Sal La Fina® y pimienta
- Un toque de aceite
- 4 cucharadas de crema Lala®
- 1 cucharada de queso panela Lala® rallado

Rendimiento:
4 porciones

Tiempo de preparación:
20 minutos

Procedimiento:

Pon en tu licuadora los tomates, ajos, cebolla, chiles verdes y cilantro. Licua bien, en una olla con un toque de aceite coloca la salsa, dale sabor con Sal La Fina® y pimienta y deja que hierva.

Fríe en aceite las tortillas y pon en ellas un poco de pollo deshebrado, cierra a la mitad, sirve en un platón y tira la salsa encima.

Haz algunas líneas con crema Lala® y tira queso panela Lala® rallado.

Valor Nutrimental	
E (K/cal)	150
HC (g)	16
Pt (g)	4
LT (g)	8
Col (mg)	15
Fb (g)	1
Na (mg)	523
Ca (mg)	77

Enchiladas en salsa de elote

Ingredientes:

- 2 cucharadas de cebolla blanca picada
- 1 diente de ajo picado
- 2 chiles poblanos asados, desvenados y cortados en rajas
- 1 cucharada de aceite de oliva
- ⅓ de taza de pechuga de pollo cocida y deshebrada
- 2 cucharadas de crema Lala®
- Un toque de Sal La Fina®
- Un toque de pimienta
- 4 tortillas de maíz
- 1 cucharada de cebolla
- 1 lata de elotes desgranados
- 1 cucharada de aceite de canola
- ⅓ taza de crema Lala®
- ½ taza de leche Lala®
- 2 cucharadas de crema Lala®
- ½ cebolla en plumas
- 2 cucharadas de queso fresco rallado

Rendimiento: 4 porciones

Tiempo de preparación: 20 minutos

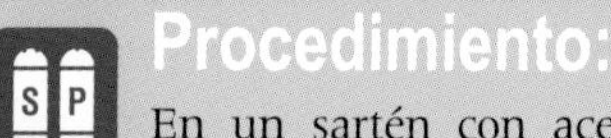

Procedimiento:

En un sartén con aceite caliente fríe la cebolla y el ajo, hasta que estén transparentes, después agrega las rajas de poblano y el pollo, cocínalo ligeramente y agrega la crema Lala®, deja hervir unos minutos para espesar sin dejar de mover y tira un toque de Sal La Fina® y pimienta.

Calienta las tortillas y rellénalas con la mezcla de pollo, dóblalas por la mitad. Reserva.

Para hacer la salsa fríe en poco aceite la cebolla y los elotes, agrega la crema Lala® y un toque de Sal La Fina® y pimienta, licua muy bien y calienta en una olla con la leche Lala®. Para servirlas pon en un plato 3 enchiladas, báñalas con salsa bien caliente y encima agrega crema Lala®, cebolla y queso.

Valor Nutrimental

E (K/cal)	194
HC (g)	24
Pt (g)	5
LT (g)	8
Col (mg)	21
Fb (g)	2
Na (mg)	523
Ca (mg)	102

Enchiladas en salsa de frijol

Ingredientes:

- 1 cucharada de cebolla picada
- 1 diente de ajo picado
- 1 cucharada de aceite
- 1 taza de frijoles refritos
- 2 cucharadas de crema Lala®
- ½ taza de leche Lala®
- Un toque de Sal La Fina®
- Un toque de pimienta
- 4 tortillas de maíz
- 2 pechugas de pollo cocidas y deshebradas
- 2 cucharadas de queso manchego Lala® rallado
- 2 cucharadas de crema Lala®
- ½ cebolla en plumas
- Queso fresco rallado

Rendimiento: 4 porciones

Tiempo de preparación: 10 minutos

Procedimiento:

Para hacer la salsa fríe en aceite la cebolla y el ajo hasta que estén transparentes, después agrega los frijoles, la crema Lala® y la leche Lala®, deja hervir unos minutos, tira un toque de Sal La Fina® y pimienta y licua hasta que quede bien incorporado.

Calienta las tortillas y rellena con pollo deshebrado y queso manchego Lala®, dobla por la mitad, y calienta unos minutos para derretir el queso.

Para servirlas pon en un plato 3 enchiladas, baña con salsa, encima agrega crema Lala®, cebolla y queso.

Valor Nutrimental

E (K/cal)	435
HC (g)	52
Pt (g)	24
LT (g)	14
Col (mg)	41
Fb (g)	3
Na (mg)	122
Ca (mg)	286

Ahora sí, todo estaba listo para visitar la zona arqueológica maya más importante de la zona, declarada patrimonio de la humanidad por la UNESCO en 1987: Palenque. Un lugar cuya belleza arquitectónica e importancia estética sobresale con imponente poderío entre el follaje de la selva, es sin duda una de las construcciones más hermosas del México prehispánico.

La sensación que me invadió apenas pude ver la magnitud de aquellas edificaciones mayas fue de un profundo asombro y coraje, sí, coraje por no haber venido a conocer este mágico sitio antes. Casi instantáneamente comencé a imaginarme la vida del centro ceremonial, donde durante un tiempo el soberano Pakal velaba por el desarrollo de su pueblo. Un centro de cultura, arte y religión que ha maravillado al mundo entero y que, según me contó el encargado de la administración del sitio, es la postal más vendida y principal promotora turística del Estado de Chiapas.

Sin embargo, además de las valiosas aportaciones arqueológicas y para la comprensión de los rituales fúnebres tan sofisticados que se llevaban a cabo por los antiguos, como es la tumba de Pakal en el Templo de las Inscripciones, la importancia de Palenque en la astronomía ha sido reconocida por la NASA, destacando la predicción de eclipses, solsticios, equinoccios, el uso del cero en las matemáticas, el cambio de las estaciones y muchos cálculos más que se cumplen con una precisión asombrosa.

Dejé la ciudad de Palenque completamente revuelto en mis pensamientos. Sabía que la primera parte de mi viaje llegaba a su fin y que aún tenía 12 estados por delante. Regresaría a México a recoger todas mis anotaciones, a ordenar mis ideas para continuar planeando el itinerario de la segunda parte de mi recorrido por el sur del país.

Palenque y la cultura maya era la mejor manera de cerrar, y un suave postre de elote con rompope, el acompañamiento ideal para ese magistral cierre.

PASTEL DE ELOTE CON ROMPOPE

Rendimiento:
2 porciones

Tiempo de preparación:
40 minutos

Ingredientes:

- 1 taza de mantequilla Lala®
- 1 taza de azúcar
- 2 piezas de huevo
- ½ taza de leche Lala®
- 1 taza de granos de elote
- ½ taza de harina de trigo
- 1 taza de harina integral
- 1 cucharada de polvo para hornear
- Un toque de Sal La Fina®
- ½ taza de rompope

Procedimiento:

Precalienta tu horno a 180º C.

En tu batidora pon la mantequilla Lala®, acrema y agrega azúcar, deja que se mezclen bien y pon los huevos, en tu licuadora mezcla la leche Lala® con los granos de elote, mezcla bien y tira junto con la mantequilla Lala®, ve poniendo poco a poco los polvos, harina, harina integral, polvo para hornear y un toque de Sal La Fina®.

Ya que esté bien integrado tira el rompope, deja mezclar bien y vacía en un molde engrasado y enharinado, mete al horno a 180º C, 20 minutos aproximadamente.

Sirve y decora con unos granos de elote y un toque de rompope.

Valor Nutrimental

E (K/cal)	284
HC (g)	34
Pt (g)	4
LT (g)	15
Col (mg)	69
Fb (g)	2
Na (mg)	61
Ca (mg)	26

En Chiapas todavía existen grupos étnicos como los zoques, tzotziles, tzeltales, tojolabales, choles, lacandones y mames.

En las milpas de San Juan Chamula se puede observar a los Tzotiziles trabajar con sus coloridos atuendos compuestos por fajas rojas, huaraches de cuero, faldas azules, camisas de tela tejidas, huipiles bordados, tradicionales chales, etcétera.

No olvides visitar los alrededores de San Cristóbal de las Casas: Grutas de Rancho Nuevo, San Juan Chamula, Amatenango del Valle, Tenejapa y Zinacantán.

En un par de semanas viajaría a Quintana Roo, Yucatán, Campeche y Tabasco, donde cientos de sabores, texturas, aromas y experiencias que no olvidaría jamás me esperaban.

Sabor a toda costa

Después de recorrer los primeros 4 estados de esta emocionante aventura gastronómica por la cocina mexicana, estaba ansioso por volver a las carreteras, mirar nuevos paisajes, respirar otros aires y explorar los rincones desconocidos de las recetas mexicanas más tradicionales, y también, dejar que el viaje hiciera su parte en mi imaginación para inventar nuevos sabores. Esta vez, tomaría un avión desde la Ciudad de México hasta Quintana Roo, donde rentaría un coche en el que continuaría recolectando experiencias.

QUINTANA ROO

El vuelo desde la Ciudad de México hasta el aeropuerto internacional de Cancún es de aproximadamente 2 horas. Elegí el primer avión porque no había tiempo que perder, la península de Yucatán es uno de mis destinos favoritos por la magnífica diversidad de recetas que conforman su gastronomía, la cual nace de una peculiar manera de combinar los ingredientes, además de sus espectaculares bellezas naturales y zonas arqueológicas. Cancún está en el extremo norte del estado de Quintana Roo, cercado

por las aguas color turquesa del mar Caribe; cuenta con 30 km de playa y es una ciudad donde podemos encontrar importantes complejos turísticos que guardan un equilibrio perfecto con sus exuberantes reservas ecológicas.

Hay días en que me siento con ganas de hospedarme en uno de estos espectaculares *resorts* y disfrutar de la estupenda atención que ofrecen, sólo que esta vez por el tipo de viaje que tenía en mente, decidí irme directo y sin escalas del aeropuerto a Isla Mujeres; donde visualicé el inicio de este recorrido.

ISLA MUJERES

Partí de Puerto Juárez en Cancún y abordé el ferry. Durante los 15 minutos de recorrido entre tierra continental e Isla Mujeres –una de las principales islas del Caribe mexicano–, resulta que el Capitán Franco y yo tenemos una amiga en común: Araceli, una ama de casa como tú, quien es capaz de nadar hasta Isla Mujeres en 2 horas 40 minutos, ¡impresionante! Nuestro destino era Playa Norte lugar en el que se preparan los mejores pescados Tikin Xik del estado. ¡Perfecto! El viaje comenzaba regalándome una maravillosa experiencia.

El paisaje del lugar es increíble: azules que se degradan en el mar donde esta pequeña isla parece flotar como un verdadero capricho de la naturaleza. Llegamos sin contratiempos, agradecí al Capitán Franco y me lancé a Playa Norte a buscar la famosa receta. Ahí conocí a Carlos, un personaje muy particular que vive en la isla desde hace más de 10 años. Conoce todos los secretos, incluyendo el del Tikin Xik. Me llevó con uno de los pescadores a elegir el pámpano que después

llevaríamos con el cocinero. Escogí uno grande, para que Carlos y yo pudiéramos comer a nuestras anchas. Hecho esto, caminamos a un lugar apartado donde conocí a Don Eulogio, quien con mucha alegría preparó el pescado en una fogata en la playa y me compartió esta receta en la que el pescado se cuece despacio envuelto sobre hojas de plátano a las brasas, suavizando la carne que absorbe el aroma especiado del achiote, y la intensidad de un color naranaja que derrite la pupila volviéndolo intenso e irresistible.

PESCADO TIKIN XIK

Ingredientes:

1 mero de 6 k
250 g de recaudo rojo
200 ml de jugo de naranja agria
Aceite vegetal
1 pieza de cebolla morada en julianas gruesas
3 piezas de tomate guajillo en rebanadas
2 piezas de chile xcatic en julianas
2 piezas de chile dulce en julianas
Sal La Fina® al gusto
Hoja de plátano

Rendimiento:
10 porciones

Tiempo de preparación:
30 minutos

Procedimiento:

Priva al pescado de sus vísceras y lava bajo el agua; abre el pescado en mariposa.

Disuelve el recaudo junto con la naranja agria y unta al pescado.

Sobre la bisagra coloca hojas de plátano y el pescado marinado junto con las verduras y el aceite, tapa con más hojas de plátano y cierra la bisagra.

Cuece al carbón con fuego moderado hasta que el pescado esté cocido.

Cortesía chef Federico López

Valor Nutrimental

E (K/cal)	241
HC (g)	10
Pt (g)	30
LT (g)	9
Col (mg)	0
Fb (g)	1
Na (mg)	4
Ca (mg)	51

Mientras comíamos, Don Eulogio y Carlos me platicaron por qué se llama Isla Mujeres: en tiempos prehispánicos, cuando los mayas eran dueños de sus tierras, esta isla estaba consagrada a Ixchel, diosa de la Luna, el amor y la fertilidad, por lo que hacían numerosas ofrendas con figuras o símbolos femeninos que eran depositados en la playa. En el año de 1517, esta pequeña porción de tierra de 8 km de largo por 2 de ancho fue descubierta por los españoles en una expedición comandada por Francisco Hernández de Córdoba, quienes la bautizaron así al ver todas aquellas piezas de mujeres colocadas en la arena.

También me contaron que el último pirata conocido, Fermín Mundaca, se enamoró perdidamente de una hermosa isleña a quien apodó "La trigueña". Ella tenía otros pla-

nes para su corazón y despreció el amor del bucanero. Éste, desesperado, mandó construir una mansión para ganarse su corazón, pero sólo consiguió que lo despreciaran una vez más. Hoy, los restos del pirata descansan en el cementerio de la isla y la mansión, en ruinas, es conocida como Hacienda Mundaca.

Tantas historias despertaron mi imaginación, y como les dije antes, este viaje se trataba no sólo de encontrar las recetas tradicionales sino también de inventar nuevos platillos, como este par que vinieron a mi mente gracias a esa inolvidable comida en la playa. Primero unos provocativos, suaves y fragantes camarones Tikin Xik; y de postre, todo el sabor perfumado del anís en un cremoso helado de Xtabentún, bebida maya elaborada a base de flores.

CAMARONES TIKIN XIC

Rendimiento:
4 porciones

Tiempo de preparación:
20 minutos

Ingredientes:

- 1 cucharada de pasta de achiote
- 2/3 taza de jugo de naranja
- 1 cebolla morada
- 4 piezas de chile habanero
- 16 piezas camarones jumbo
- 1 limón
- Tortillas taqueras
- 1 manojo de hojas de plátano

Procedimiento:

Licua la pasta de achiote con jugo de naranja, un cuarto de cebolla y medio chile habanero, pon los camarones en esa salsa.

Pica bien el resto de la cebolla y el chile habanero, coloca en un tazón junto con el jugo del limón.

Tira los camarones en la parrilla, ahí mismo calienta las tortillas, forma algunos tacos.

Monta en un plato la hoja de plátano, encima las tortillas y encima los camarones, acompaña de la cebolla morada con chile habanero.

Valor Nutrimental

E (K/cal)	152
HC (g)	11
Pt (g)	23
LT (g)	2
Col (mg)	128
Fb (g)	2
Na (mg)	142
Ca (mg)	264

HELADO DE HABANERO Y XTABENTÚN

Rendimiento:
4 porciones

Tiempo de preparación:
20 minutos

Ingredientes:

- 2 chiles habaneros
- ½ tazas de leche Lala®
- 1½ taza de crema Lala® para batir
- 5 yemas de huevo
- ½ taza de azúcar
- 1 caballito de licor de Xtabentún
- 1 plátano macho frito y en rebanadas

Procedimiento:

Mezcla en tu licuadora los chiles habaneros sin semillas junto con la leche Lala®, también integra la crema Lala® para batir.

Bate bien las yemas y el azúcar, pon en una olla junto con la leche Lala® y el licor de Xtabentún, deja a fuego medio a que empiece a espesar y mete al congelador, deja hasta que enfríe totalmente y sirve, decora con plátanos fritos.

Cortesía chef heladero Alfonso Jarero

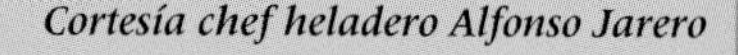

Valor Nutrimental

E (K/cal)	437
HC (g)	45
Pt (g)	7
LT (g)	25
Col mg	365
Fb (g)	1
Na (mg)	71
Ca (mg)	160

HOLBOX

Partí de Isla Mujeres hacia el lugar donde había decidido pasar la noche, la Isla de Holbox que en maya quiere decir "hoyo negro". Abordé una lancha y navegamos el Caribe mexicano hacia uno de sus principales atractivos. A lo largo del trayecto pude ver delfines brincando al lado de la embarcación, peces de colores, mantarrayas que parecían escoltarnos hasta su paraíso perdido.

En Holbox el mar es la cortinilla que enmarca la visita en una paz pocas veces hallada en el mundo moderno. Aquí puedes practicar buceo, nadar con el pacífico tiburón ballena, practicar el *sky surf*, pescar o simplemente disfrutar del maravilloso clima en compañía de tus personas especiales.

Estaba ansioso por llegar, así que en lugar de descender como todos en el embarcadero, salté al mar apenas vi que mis pies podían tocar el suelo. Sé que quizá sea percibido como un método un poco rústico, pero llegar justo al atardecer, ver el cielo estallar en un incendio naranja que se derrite como helado, es sin

duda uno de los atardeceres más espectaculares que he visto, lo que me obligó a hacerlo. La bienvenida estuvo a cargo del personal del hotel con un refrescante vaso de agua de limón y jamaica, y les puedo decir que gracias al atardecer, la belleza del lugar y el calor, ésta es el agua más rica que he probado.

AGUA DE JAMAICA CON LIMÓN

Rendimiento:
2 litros

Tiempo de preparación:
10 minutos

Ingredientes:

- 1½ tazas de flor de jamaica
- 2 litros de agua
- ½ taza de jugo de limón
- 1 limón en rodajas finas
- ½ taza de azúcar morena

Procedimiento:

En una olla pon a calentar la flor de jamaica con el agua hasta que hierva, baja el fuego y agrega el jugo de limón y la mitad de las rodajas de limón.

Deja 2 minutos, apaga el fuego, agrega el azúcar a que se disuelva muy bien y deja que enfríe.

Adorna los vasos con rodajas de limón y sirve bien frío.

Valor Nutrimental

E (K/cal)	124
HC (g)	60
Pt (g)	1
LT (g)	0
Col (mg)	0
Fb (g)	1
Na (mg)	2
Ca (mg)	53

En el centro de la pequeña y muy tranquila isla hay varios restaurantes que en realidad son casas que fueron habilitadas por las familias que viven ahí para compartir algunas de sus mejores recetas. Ahí sólo puedes llegar en bicicleta o en carritos eléctricos, ya que al ser un área protegida, está limitado el uso de vehículos de combustión interna. Uno de mis favoritos es un lugarcito bastante pequeño en el que colabora toda una familia para servir unas exquisitas pizzas "estilo mexicano". Mi favorita es una de langosta al ajillo, y es que imagínense esto, una base crujiente, cubierta por una salsa de tomate preparada con chile de árbol seco, cubierta con abundante queso rallado listo para gratinarse, y por encima del queso gran cantidad de medallones de langosta cocinados con aceite de oliva, ajos y tiritas de chile guajillo. ¡Una belleza! ¿Qué hice? Comerme una.

PIZZA DE LANGOSTA

Ingredientes:

Para la salsa:

- 1 cucharada de aceite de oliva
- 1 cucharada de ajo picado
- 1 taza de jitomate picado sin semillas y sin cáscara
- ½ taza de puré de tomate
- ½ cucharadita de orégano seco
- Un toque de Sal La Fina® y pimienta blanca

Para la pizza:

- 1 cucharadita de aceite de oliva
- ½ taza de champiñones rebanados
- ½ taza de pimientos verdes en julianas
- ½ taza de pimientos amarillos en julianas
- Un toque de Sal La Fina® y pimienta
- 4 piezas de pan pita o pan árabe
- 2 tazas de queso mozzarella rallado
- 2 colas de langosta medianas cocinadas en agua con Sal La Fina®
- Hojas de albahaca fresca

Rendimiento:
4 pizzas pequeñas

Tiempo de preparación:
20 minutos

Valor Nutrimental

E (K/cal)	336
HC (g)	13
Pt (g)	44
LT (g)	8
Col (mg)	453
Fb (g)	2
Na (mg)	511
Ca (mg)	437

Procedimiento:

Tira el aceite de oliva a un sartén bien caliente, agrega el ajo y cocínalo unos minutos hasta que tome un tono ligeramente transparente, agrega en ese momento el jitomate picado, cocínalo junto con el ajo un minuto más y agrega el puré de tomate, tírale ahora el orégano y un toque de Sal La Fina® y pimienta; dale una vuelta y reserva.

Pon en otro sartén el aceite y cuando esté caliente agrega los champiñones y los pimientos, tírales un ligero toque de Sal La Fina® y pimienta y reserva.

Extiende sobre una charola el pan árabe y vierte sobre éstos la salsa de tomate; con ayuda de una cuchara extiende la salsa, después separa el queso mozzarella en 2 partes, la primera espolvoréala sobre la salsa de tomate hasta que las pizzas queden bien cubiertas, agrega encima de esto los champiñones y los pimientos en cada una de las pizzas. Corta las colas de langosta en rodajas y divídelas en las 4 pizzas, por último espolvorea el queso que habías reservado. Precalienta el horno a 180 °C y mete las pizzas aproximadamente 10 minutos o hasta que estén perfectamente gratinadas.

Por las noches, puedes ir a disfrutar un poco de música viva en algunos de los bares del lugar, que han sido construidos en palapas para que disfrutes de la brisa marina, al tiempo que compartes con tus amigos las mejores anécdotas de tu vida.

En la palapa conocí a Danielle y Maurice, una pareja de turistas canadienses que visitaban México por primera vez. No podían dejar de contarme lo afortunados que somos al tener un país que goza de un clima tan hermoso como el nuestro. De botana pedimos unos crujientes camarones capeados con cremosa salsa tártara, intensos y aromáticos pulpos al ajillo, además de unas refrescantes micheladas, que nuestros amigos de Canadá no habían probado. Para ellos y para ti, ésta es la receta de la mejor michelada.

MICHELADA TRADICIONAL

Rendimiento:
1 porción

Tiempo de preparación:
5 minutos

Ingredientes:

- Sal La Fina®
- 1 cerveza light
- Jugo de 2 limones recién exprimidos
- Hielos

Procedimiento:

Coloca Sal La Fina® en un plato y escarcha tu tarro, mete al congelador unos minutos. Agrega el jugo de limón y los hielos. Por último sirve la cerveza fría, toma de inmediato mientras está burbujeante.

Valor Nutrimental

E (K/cal)	229
HC (g)	28
Pt (g)	4
LT (g)	2
Col (mg)	0
Fb (g)	1
Na (mg)	91
Ca (mg)	59

Esa noche me dormí temprano, al otro día tenía planeado ir a bucear en el segundo arrecife más grande del mundo, donde un centenar de especies de colores, tan variadas y exóticas como los platillos de la zona, esperaban a un fan de la naturaleza: yo.

¡TIBURÓN BALLENA!

Desperté a las 6:30 de la mañana. Ese día no desayunaría nada pesado puesto que en un par de horas estaría sumergido en las aguas del Caribe nadando nada más y nada menos que con ¡el tiburón ballena! Por esta razón, decidí que mi mejor opción era sólo tomar un té orgánico de flores de anís y una rebanada de crujiente pan integral tostado. Quería sentirme ligero y disfrutar al máximo de la experiencia. En verano, de junio a septiembre si tienes la oportunidad de visitar la isla de Holbox, tienes que reservar un espacio de tu plan para poder nadar con esta bella especie. Es sin lugar a dudas una experiencia inolvidable.

Zarpamos en punto de las 7:30. Todos estábamos un poco nerviosos, pero más que nada era la palabra tiburón lo que causaba ese efecto y no faltaron los chistes y referencias a la película intentando cortar el miedo. De pronto, el bote se detuvo y nos lanzamos al agua. Nadamos unos minutos cuando lo vi. Hermoso, manchado de puntos claros por todo su cuerpo, dócil, se movía entre nosotros apaciblemente, y sus movimientos eran tan suaves que parecía volar. La experiencia sin duda, me hizo pensar mucho en toda la fauna del planeta que debemos proteger, en el increíble legado que tenemos en nuestras manos y que depende de nosotros que nuestros hijos también puedan disfrutarlo.

SABOR PLAYERO

Regresamos a la costa y durante el viaje los pasajeros no podíamos dejar de comentar la experiencia. Palabras como sorprendente, increíble, inolvidable, hermoso e incluso milagroso, se repetían en boca de todos, pero no en el estómago, que a esas horas del día ya reclamaba un poco de atención.

Comimos en la playa, en una de las palapas donde nos sirvieron un banquete que era un verdadero homenaje a Neptuno. Empezamos con un fresco y colorido coctel de caracol en el que pequeños trozos de tomate, cebolla y chile verde se combinaban de manera incitante, hasta llegar a la boca convertidos en un bocado de suave textura. Y es esa sensación refrescante la que me hace recordar el viaje con una suculenta y tersa sopa de palmito con un aromático y nutritivo caldo de almeja, acompañado del sabor ahumado y crujiente de unas almendras tostadas; o el sabor intenso de un pescado empapelado relleno de mariscos, cuyo olor envuelve todos los matices de las proteínas del mar, elevado a la enésima potencia por la perfecta combinación de especias.

SOPA FRÍA DE PALMITOS Y ALMENDRAS

Rendimiento:
4 porciones

Tiempo de preparación:
15 minutos

Ingredientes:

- 1 taza de palmitos en salmuera
- 1 cucharada de queso crema Lala®
- 1 taza de caldo de verduras
- 2 cucharadas de almendra fileteada (la leche)
  Un toque de Sal La Fina® y pimienta
- 1 taza de leche Lala®
- 4 cucharadas de almejas frescas

Procedimiento:

Mezcla en tu licuadora los palmitos, queso crema Lala® y el caldo de verduras.

Tuesta las almendras y agrega a la licuadora, reserva unas cuantas almendras para tostar y decorar tu plato.

Dale un poco de sabor con la Sal La Fina® y pimienta.

Pon en un sartén la leche Lala® y pon las almejas, tapa y deja hasta que abran.

Sirve fría con las almejas y almendras tostadas encima.

Valor Nutrimental

E (K/cal)	48
HC (g)	1
Pt (g)	2
LT (g)	3
Col (mg)	4
Fb (g)	6
Na (mg)	29
Ca (mg)	64

RASURADO DE CARACOL

Rendimiento:
4 porciones

Tiempo de preparación:
20 minutos

A pesar de que el caracol es un producto en veda, éste sigue siendo uno de los platillos representativos del sureste mexicano.

Ingredientes:

- 500 g de caracol
- 200 g de lima
- 300 g de naranja agria
- 20 g de chile habanero
- 1 pieza de cebolla morada

Procedimiento:

Corta en julianas sólo lo verde de la cáscara de la naranja y de la lima, corta en julianas la cebolla morada y el chile habanero.

Sobre un pliego de plástico adherente coloca entrelazados los caracoles y sazona con el chile, las julianas de las frutas y Sal La Fina®.

Enrolla como carpaccio y congela.

Rebana el caracol y sirve con las cebollas marinadas en el jugo de naranja agria.

Cortesía chef Federico López

Valor Nutrimental

E (K/cal)	80
HC (g)	17
Pt (g)	1001
LT (g)	1
Col (mg)	0
Fb (g)	1
Na (mg)	3
Ca (mg)	71

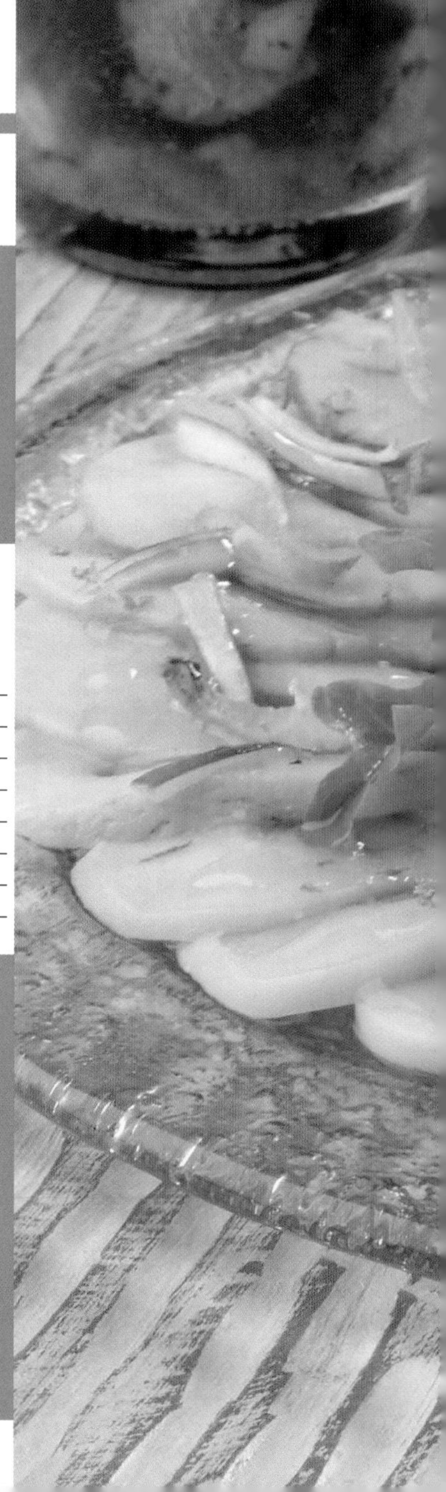

CEVICHE VERDE

Rendimiento:
5 porciones

Tiempo de preparación:
20 minutos

Ingredientes:

- 400 g de mero del caribe
- 1 manojo de cilantro
- 1 manojo de perejil
- ½ manojo de albahaca
- ½ manojo de hierbabuena
- 1 taza de jugo de limón
- ½ taza de jugo de naranja
- 1 taza de aceite de oliva
- 1 pieza de cebolla blanca
- 1 pieza de plátano macho verde
- Vinagre blanco
- Tomate cherry

Procedimiento:

Pica la cebolla finamente. Corta el pescado en cubos de un cm de lado y marina en el jugo de limón y naranja. Deshoja las hierbas y licua con un poco de vinagre y el aceite hasta formar un pesto.

Sazona el pescado con la salsa y sirve con un chip de plátano macho y un tomate cherry.

Cortesía chef Federico López

Valor Nutrimental

E (K/cal)	522
HC (g)	24
Pt (g)	19
LT (g)	39
Col (mg)	40
Fb (g)	2
Na (mg)	27
Ca (mg)	48

PESCADO EMPAPELADO RELLENO DE MARISCOS

Rendimiento: 4 porciones

Tiempo de preparación: 30 minutos

Valor Nutrimental

E (K/cal)	306
HC (g)	13
Pt (g)	38
LT (g)	6
Col (mg)	283
Fb (g)	1
Na (mg)	211
Ca (mg)	138

Ingredientes:

- 3 dientes de ajo en láminas
- ½ cebolla picada
- 2 cucharadas de aceite de oliva
- 1 cucharada de mantequilla Lala®
- 1 taza de camarones medianos desvenados y en cubitos
- 1 taza de calamares chicos, limpios y en rodajas
- 1 taza de pulpos baby en rodajas
- Un toque de Sal La Fina® y pimienta
- 4 piezas de filete de pescado limpio
- 1/3 taza de jugo de limón
- 1 taza de cebollín desinfectado y picado

Procedimiento:

Saltea ajo y cebolla en aceite de oliva y mantequilla Lala®. Agrega los camarones y cocina un minuto; añade los calamares y los pulpos, agrega Sal La Fina®, pimienta y jugo de limón. Cocina hasta evaporar los líquidos y deja enfriar totalmente.

Espolvorea con Sal La Fina® y pimienta los filetes de pescado. Coloca en un extremo una parte de la mezcla de mariscos, enrolla el pescado y asegura con palillos. Añade aceite de oliva y envuélvelos en papel aluminio, asa los rollos con el papel hasta que el pescado esté cocido. Sirve el pescado con todo y papel y espolvorea el cebollín por encima.

La comida son recuerdos, memorias, vivencias que nos acompañarán el resto de nuestra vida.

YUCATÁN

A lo largo y ancho de la península de Yucatán existen numerosas huellas de la antigua cultura maya; ciudades construidas en forma magistral de las que hoy sólo quedan vestigios de su grandeza, pero que son capaces de narrarnos parte de su historia. Sabemos que los mayas fueron una sociedad de alto desarrollo en las artes, matemáticas, astronomía y construcción; pero también fueron guerreros temibles que resistieron heroicamente los embates del colonialismo. El último gran enfrentamiento fue la Guerra de

Castas del siglo XIX, una masacre que acabó con la mitad de la población maya de la península.

Aunque el lugar donde llegamos desde Holbox, Río Lagartos, no se destaca por sus zonas arqueológicas, sí lo hace por su fauna. Abordamos una lancha en Chiquilá, punto a partir del cual costeamos desde Quintana Roo hasta Yucatán. Al poco tiempo entramos por una pequeña desembocadura vestida de azul turquesa; ya estábamos entrando a la reserva ecológica de Río Lagartos y el recibimiento no pudo ser mejor. Una parvada de flamencos rosas pasó volando sobre la lancha, iban a su santuario, donde miles de flamencos, así como más de 280 especies de aves y otro gran número de aves migratorias marinas, llegan en invierno y encuentran un hábitat propicio para su supervivencia. ¡De fantasía!

Río Lagartos tiene una gran extensión de manglares que son refugio para peces, crustáceos y moluscos, además de ser un sitio de anidación de dos especies de tortugas marinas, la carey y la blanca. Poco más de 60 mil hectáreas conforman esta hermosa área protegida, aunque sólo recorrimos en lancha un pequeño tramo más hasta el lugar donde el río se pintaba de rosado y millares de flamencos coloreaban el paisaje regalándonos una postal única e inolvidable.

IZAMAL, LAS TRES CULTURAS Y LOS DOS ANTOJITOS

Después de la increíble visita a Río Lagartos decidimos el siguiente destino ubicado a una hora con 45 minutos, Izamal, una parada obligatoria en el estado de Yucatán. Les cuento que lo primero que llama la atención al visitar Izamal es que todos los edificios están pintados de amarillo, que es el color del Vaticano, pues esta ciudad fue visitada por el Papa. Es colorido e impactante. Lo siguiente que percibes poco después es el contraste de culturas, por algo la llaman "la ciudad de las tres culturas", en referencia a la maya, la española y la actual, que se mezclan como salsa en molcajete.

En el centro está construido un enorme convento franciscano sobre una plataforma maya, y no nos sorprende, pues igual que con la Catedral de México y muchas otras edificaciones coloniales, fueron hechas con los materiales procedentes de las pirámides; las piedras son las mismas. El Convento de San Antonio tiene 75 arcos que conforman el atrio cerrado más grande de América Latina. Desde su plataforma se domina toda la ciudad, una panorámica interrumpida ni más ni menos que por la pirámide de Izamal, la tercera de mayor tamaño de todo México.

El tiempo había pasado desde la comida en Holbox y el hambre hacía de las suyas, así que lo primero que hicimos fue ubicar el mercado principal para disfrutar ahí de unos aromáticos y crujientes salbutes, cubiertos de suave pollo deshebrado que a su vez es coronado por col, el sabor intenso de la cebolla morada, el equilibrio del jitomate guaje, y si eres valiente, el picante retador de un poco de chile habanero, como los panuchos, que se diferencian de los salbutes por su suave relleno hecho a base de tersos frijoles, adornados con hojas de lechuga, pollo adobado, el quinto sabor del tomate y un poco de cebolla previamente marinada con naranja agria, sal, aguacate, zanahoria y recaudo de colorado, que es una colorida pasta elaborada con todo el sabor mexicano del achiote.

SALBUTES

Ingredientes:

Marinada:

- 3 cucharadas de achiote en pasta
- 1 naranja agria (el jugo)
- 1 cucharadita de Sal La Fina®
- 1 cucharadita de pimienta

Relleno:

- ½ pechuga de pollo cocida con orégano, Sal La Fina®, ajos asados, cebolla y pimienta
- 6 tortillas de maíz
- ¼ de taza de aceite de maíz
- 1 jitomate rebanado delgado
- ½ taza de col rallada
- ½ cebolla rebanada muy delgada

Salsa Xnipec:

- 1 jitomate picado
- ½ cebolla morada, picada
- 1 chile habanero, picado
- 1 naranja agria (el jugo)
- 2 cucharaditas de Sal La Fina®

Rendimiento:
4 porciones

Tiempo de preparación:
25 minutos

Procedimiento:

Mezcla todos los ingredientes de la marinada en tu licuadora. En un tazón pon el pollo y báñalo con esta marinada por unos minutos, ásalo a la parrilla o en tu sartén y deshébralo. Reserva. Fríe una a una las tortillas, escúrrelas en papel absorbente, coloca sobre cada tortilla una rebanada de jitomate, col, cebolla y pollo deshebrado.

Mezcla todos los ingredientes de la salsa.

Acompáñalos con la salsa xnipec.

Valor Nutrimental

E (K/cal)	350
HC (g)	37
Pt (g)	8
LT (g)	19
Col (mg)	8
Fb (g)	5
Na (mg)	500
Ca (mg)	150

PANUCHOS CON CERDO PIBIL

Rendimiento:
20 porciones

Tiempo de preparación:
50 minutos

Ingredientes:

500	g frijoles negros
10	hojas de epazote
1	k de pulpa de cerdo horneada con achiote –al pibil
1	cebolla morada
1½	tazas de vinagre
2	chiles habaneros (opcional)
500	g de tortillas
125	g de manteca o aceite
1	lechuga
1	k jitomates
	Sal La Fina® al gusto

Valor Nutrimental

E (K/cal)	225
HC (g)	14
Pt (g)	12
LT (g)	13
Col mg	38
Fb (g)	1
Na (mg)	47
Ca (mg)	50

Procedimiento:

Limpia el frijol, lávalo y cuécelo con Sal La Fina®. Cuando esté listo agrega el epazote y licua. Debe quedar espeso; si es necesario, vuelve a hervir para que espese un poco más.

Deshebra el pollo. Rebana la cebolla finamente, lávala en agua caliente, escúrrela y pónla en el vinagre con Sal La Fina® y los chiles habaneros (opcional).

Las tortillas encargadas especialmente deben llevar manteca y un poco de Sal La Fina® y la telita (u hollejo) debe estar despegada.

La telita se abre para que no se pegue, se le unta frijol en el centro y se tapa con la misma telita. Se fríen en manteca o aceite.

Cuando están dorados, escúrrelos para quitar el exceso de aceite. Encima de cada uno pon un poco de cerdo pibil deshebrado, y adorna con lechuga picada y rebanadas de jitomate.

También se sirven con escabeche blanco o cebolla morada.

Cortesía chef Alicia Gironella De'Angeli

Comimos como si no hubiese mañana, el sabor que Carmencita, la dueña del puesto que colmó nuestro apetito, dio a esos deliciosos antojitos yucatecos, fue el incentivo perfecto para seguir nuestro camino hasta Mérida, aunque no contábamos con que una nueva maravilla en el camino nos entretendría un rato más.

PARADA OBLIGADA

Camino a Mérida el ocaso de un largo día lleno de emociones parecía cerrar la aventura con broche de oro. Algunos dormían en la camioneta que Don Miguel consiguió para transportarnos desde Río Lagartos, y otros no queríamos perder ningún detalle del trayecto. Fue así como pasamos frente a una hacienda antiguamente dedicada a la producción de henequén y que hoy es un majestuoso hotel. No pude resistir la tentación, y les conté a todos la idea de pasar la noche en aquel lugar.

Al llegar, Raúl, el gerente nos recibió con amabilidad y nos contó un poco acerca del henequén. Nos dijo que viene del agave, una especie de cactus similar a una yuca verde y del que otra variedad da origen al tequila. Sólo que los mayas lo usaban en la elaboración de mecates, tapetes y muchos utensilios de uso práctico. Posterior a la Conquista, el cultivo de henequén o fibra de sisal se convirtió en un material de gran consumo, convirtiendo a la península yucateca en uno de los más ricos y codiciados. Y cuando ya tenía toda nuestra atención, interrumpió su narración ofreciendo un recorrido por la hacienda al otro día en el que podríamos conocer un poco más a fondo de este extraordinario material. Mientras, instálense y disfruten de nuestro delicioso restaurante. Y eso hicimos, yo quería cenar ligero después de la cantidad de salbutes que me comí, así que pedí una especialidad de la casa: una perfumada, ligera y caliente sopa de lima. ¡Mare!

SOPA AROMÁTICA DE LIMA

Rendimiento:
8 porciones

Tiempo de preparación:
30 minutos

Valor Nutrimental

E (K/cal)	294
HC (g)	32
Pt (g)	13
LT (g)	13
Col (mg)	44
Fb (g)	2
Na (mg)	65
Ca (mg)	108

Ingredientes:

1 pechuga de pavo o 2 de pollo
2 litros (8 tazas) de caldo de aromas (véase página siguiente)
6 limas frescas
1 chile güero entero
2 jitomates (300 g) asados y sin semillas
1 rama de cilantro
1 rama de epazote
6 tortillas
2 cucharadas (30 g) de manteca o aceite
1 chile habanero
Sal La Fina®

Procedimiento:

Pon a cocer la pechuga con el caldo de aromas, una lima entera, el chile entero, los jitomates molidos, las ramas de cilantro y el epazote.

Una vez cocida la pechuga, añade Sal La Fina® y aparta del fuego.

Deja enfriar la pechuga dentro del caldo. Retira la pechuga, deshébrela, báñala con el jugo de 3 limas.

Calienta el caldo y vuelve a poner la pechuga a que hierva a fuego lento unos minutos.

Sirve muy caliente, acompañándola con tortillas en tiras muy finas, fritas en manteca o aceite, 2 limas rebanadas y un chile habanero asado y picado.

También se sirve espolvoreada con ralladura de cáscara de lima (cuidando de no rallar la parte blanca).

Cortesía chef Alicia Gironella De'Angeli

CALDO DE AROMAS PARA LA SOPA DE LIMA

Rendimiento:
14 tazas

Tiempo de preparación:
60 minutos

Con olla de presión se hace en 45 o 50 minutos con 2 o 2½ litros de agua. Se puede congelar.

Valor Nutrimental

E (K/cal)	60
HC (g)	1
Pt (g)	6
LT (g)	4
Col (mg)	22
Fb (g)	0
Na (mg)	38
Ca (mg)	7

Ingredientes:

- 500 g de huesos de ternera o res
- 2 huacales de pollo o 1 de pavo
- 4 alones de pollo o 2 de pavo
- 12 patas de pollo limpias
- 4 l de agua
- ½ cucharada de Sal La Fina® gruesa
- 2 (300 g) cebollas
- 2 cabezas medianas (30 g) de ajo asadas
- 8 pimientas gordas
- 15 pimentas negras
- ½ cucharada de orégano fresco
- 1 raja de canela
- 5 clavos de olor
- 1 cucharada (10 g) de anís o 2 de anís estrella
- 1 lima yucateca

Procedimiento:

Machaca ligeramente los huesos, tuéstalos en el horno y ponlos a cocer con los huacales, alones y patitas con agua fría y Sal La Fina®; cuando suelte el hervor, espuma y agrega las cebollas y los ajos asados.

Asa brevemente las 6 especias y muélelas en molino o molcajete. Amárralas en un trapito y pónlas en el caldo junto con la lima, deja hervir a fuego lento durante una hora o hasta que tengas 3 litros de líquido aproximadamente.

Cuando el caldo esté listo, cuélalo y desgrásalo. Reserva.

Cortesía chef Alicia Gironella De'Angeli

Pero los demás siguieron sus instintos e hicieron trabajar horas extra a la cocina, así que mientras seguían comiendo yo aproveché para desarrollar una receta que me vino a la mente cuando alguien pidió un postre de mamey. Una refrescante, crujiente y dulce ensalada de pato con mamey aderezada con el intenso sabor del chile habanero.

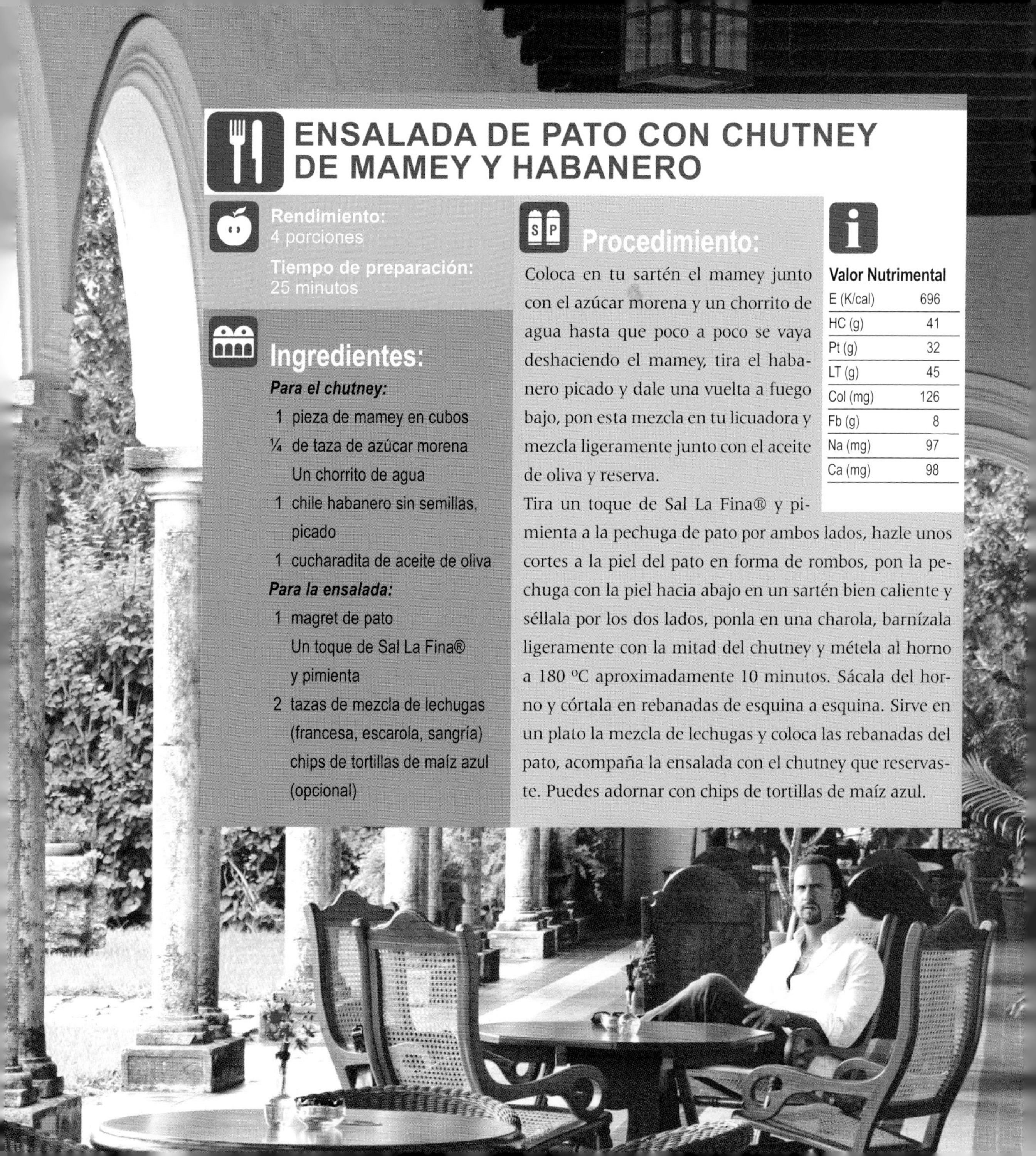

ENSALADA DE PATO CON CHUTNEY DE MAMEY Y HABANERO

Rendimiento:
4 porciones

Tiempo de preparación:
25 minutos

Ingredientes:

Para el chutney:

- 1 pieza de mamey en cubos
- ¼ de taza de azúcar morena
- Un chorrito de agua
- 1 chile habanero sin semillas, picado
- 1 cucharadita de aceite de oliva

Para la ensalada:

- 1 magret de pato
- Un toque de Sal La Fina® y pimienta
- 2 tazas de mezcla de lechugas (francesa, escarola, sangría)
- chips de tortillas de maíz azul (opcional)

Procedimiento:

Coloca en tu sartén el mamey junto con el azúcar morena y un chorrito de agua hasta que poco a poco se vaya deshaciendo el mamey, tira el habanero picado y dale una vuelta a fuego bajo, pon esta mezcla en tu licuadora y mezcla ligeramente junto con el aceite de oliva y reserva.

Tira un toque de Sal La Fina® y pimienta a la pechuga de pato por ambos lados, hazle unos cortes a la piel del pato en forma de rombos, pon la pechuga con la piel hacia abajo en un sartén bien caliente y séllala por los dos lados, ponla en una charola, barnízala ligeramente con la mitad del chutney y métela al horno a 180 ºC aproximadamente 10 minutos. Sácala del horno y córtala en rebanadas de esquina a esquina. Sirve en un plato la mezcla de lechugas y coloca las rebanadas del pato, acompaña la ensalada con el chutney que reservaste. Puedes adornar con chips de tortillas de maíz azul.

Valor Nutrimental

E (K/cal)	696
HC (g)	41
Pt (g)	32
LT (g)	45
Col (mg)	126
Fb (g)	8
Na (mg)	97
Ca (mg)	98

DESAYUNO YUCATECO

El desayuno después de aquella noche reparadora, tenía que darnos la fuerza necesaria para rendir en el recorrido que Raúl nos había prometido. Y dicho y hecho, se presentó a la mesa con nosotros y se unió a compartir los alimentos. Pedí por supuesto un platillo regional, unos poderosos huevos motuleños, que con la combinación perfecta de energía y fibra de las tortillas barnizadas con unos aterciopelados frijoles refritos más las proteínas de los huevos estrellados colocados sobre la cama de tortilla y el intenso colorido de la salsa con tropiezos de chícharos y jamón, le dan un toque increíble como el paisaje de la zona. ¿Y de tomar? El más refrescante jugo de piña y chaya.

HUEVOS MOTULEÑOS

Rendimiento:
4 porciones

Tiempo de preparación:
30 minutos

Ingredientes:

- ½ cebolla picada
- 4 jitomates picados
- 1 cucharada de aceite
- ½ taza de agua
- Un toque de Sal La Fina®
- 4 tortillas de maíz
- 2 cucharadas de aceite
- 4 huevos
- 4 cucharadas de frijoles refritos
- 4 rebanadas de jamón
- 4 cucharadas de queso manchego Lala®

Procedimiento:

Para hacer la salsa fríe en un sartén con aceite la cebolla, los jitomates, licua con poca agua y tírale un toque de Sal La Fina®.

Dora las tortillas en un comal hasta que estén crujientes. En un sartén con poco aceite fríe los huevos para que queden estrellados, no los revuelvas, tira un toque de Sal La Fina®. En un plato extendido pon una tortilla, unta frijoles, coloca encima un huevo, agrega el jamón picado y el queso manchego Lala® rallado, baña con la salsa y sírvelos.

Valor Nutrimental

E (K/cal)	227
HC (g)	20
Pt (g)	10
LT (g)	12
Col (mg)	178
Fb (g)	2
Na (mg)	358
Ca (mg)	119

JUGO DE PIÑA Y CHAYA

Rendimiento:
4 porciones

Tiempo de preparación:
20 minutos

Ingredientes:

6 hojas de chaya lavadas y desinfectadas
2 limones (el jugo)
¼ de taza de azúcar morena
2 tazas de piña en trozos
4 tazas de agua
Hielos
1 limón en rodajas

Valor Nutrimental

E (K/cal)	133
HC (g)	31
Pt (g)	1
LT (g)	1
Col (mg)	0
Fb (g)	2
Na (mg)	14
Ca (mg)	59

Procedimiento:

En tu licuadora mezcla perfectamente las hojas de chaya, el jugo de limón, el azúcar, la piña, el agua y algunos hielos y sirve de inmediato.

Decora tus vasos con algunas rodajas de limón.

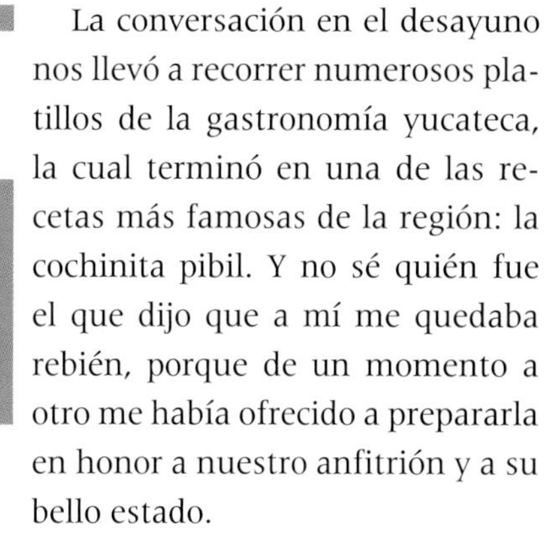

La conversación en el desayuno nos llevó a recorrer numerosos platillos de la gastronomía yucateca, la cual terminó en una de las recetas más famosas de la región: la cochinita pibil. Y no sé quién fue el que dijo que a mí me quedaba rebién, porque de un momento a otro me había ofrecido a prepararla en honor a nuestro anfitrión y a su bello estado.

COCHINITA PIBIL

Una experiencia inolvidable fue preparar Cochinita Pibil de manera tradicional. Pibil en maya significa bajo tierra y eso fue precisamente lo que hicimos.

Primero marinamos la carne con la suave mezcla de achiote y especias.

La envolvimos perfectamente en hoja de plátano amarrándola con un pedazo de mecate delgado y, como el significado de pibil lo indica, me llevaron a un hoyo listo para cocinar, que tenía una base de piedras de río. Colocamos leña (ocote) y le prendimos fuego.

Colocamos una rejilla y sobre ésta la cochinita para después cubrirla con hojas de eucalipto frescas. Por último cubrimos con tierra para mantener el calor, sabor y olor espectacular de nuestra cochinita pibil.

La dejamos enterrada para que se cocinara durante unas horas, tiempo que invertiríamos en hacer el recorrido por la hacienda de henequén y así conocer un poco a lo que en su momento se le dio el adjetivo de oro verde.

HENEQUÉN, "ORO VERDE"

El recorrido de Raúl nos mostró la importancia que tuvo la producción de henequén durante mucho tiempo en nuestro país, sobre todo a principios del siglo XIX, el inicio de su apogeo, cuando haciendas como la que visitábamos cambiaron el giro de su producción para establecer grandes plantíos y exportar su mercancía por todo el mundo. Así fue como Yucatán se convirtió en uno de los estados más ricos de México. El henequén ayudó a los hacendados a amasar grandes fortunas, por lo que se le apodó "oro verde", porque durante un periodo el estado produjo casi 90% de las sogas usadas en el mundo, hasta que durante el gobierno

de Salvador Alvarado la venta del henequén llegó a su culminación. Y de la misma manera que la plata extraída de las montañas mexicanas, el valor del henequén cayó durante la Primera Guerra Mundial y nunca volvió a recuperarse.

DESENTERRANDO EL SABOR

Después de tres horas recorriendo los increíbles parajes de la hacienda, regresamos para desenterrar nuestro tesoro y sacar de la tierra un pedacito del sabor de la tradición gastronómica de Yucatán. Doña María, mayora de la cocina, fue la encargada de tirar las tortillas para que las comiéramos recién salidas del comal, así como de traer una salsa de chile habanero (chile habanero = extra picante) que parecía hecha por el diablo por lo picosa que estaba. Cada quien tomó un pedazo de hoja de plátano que usó como plato e improvisamos una taquiza que poco a poco se fue nutriendo de comensales que llegaban provocados por el aroma especiado y ligeramente ahumado que salía del hoyo, como si viniera del centro de la tierra.

Finalmente, Raúl sacó de su cava una botella de Xtabentún del que tomamos una copita como digestivo de aquel suculento banquete. Recogimos nuestras cosas con un amigo más en nuestro haber y partimos a Mérida.

MÉRIDA

Narra un cronista de la ciudad que Mérida no tiene nada que envidiar a Europa; que sus calles, avenidas, plazas y rincones reflejan el encanto del viejo mundo. Por algo la llamaron el "París del Nuevo Mundo". Y es que Mérida fue, desde la

conquista, la ciudad más importante de la región, a tal punto que durante la Colonia era gobernada directamente por la Corona de España. Fue, durante 3 siglos su centro de poder político y religioso. Frente a la Plaza Grande se levanta la Casa de Montejo, quien fuera conquistador de Mérida. Es una de las escasas muestras de arte plateresco mexicano. En su fachada se reproduce una escena en la que dos conquistadores pisan las cabezas de los indígenas derrotados.

En el siglo XX, gracias a las ganancias del cultivo del henequén, había más millonarios en Mérida que en cualquier otro lugar de México. Y aunque sus haciendas eran amplias y confortables ellos preferían vivir en la ciudad. Fue aquí, a lo largo del Paseo de Montejo, donde los hacendados construyeron sus mansiones y palacetes. Se destaca el Palacio Cantón, donde actualmente funciona el Museo de Arqueología e Historia y no hay nada mejor que recorrer este hermoso paseo que abordando una calandria.

En el siglo XIX llegaron al país miles de inmigrantes árabes que trajeron una rica cultura de la comida. Algunos datos oficiales revelan que los primeros inmigrantes de Medio Oriente se establecieron en México a partir de 1878, gran parte libaneses que se asentaron en la Península de Yucatán, donde sumergidos en un lugar que no les impedía abandonar sus costumbres pudieron conservar buena parte de su tradición culinaria, que en combinación con los ingredientes propios de esta tierra dieron origen a un menú único y muy diverso donde conviven platillos como el tabule, kepe, kibbi, entre muchos más con los sabores tradicionales de la cocina española y prehispánica.

Ahora, cada vez que recuerdo esa noche en Mérida se me antoja algo dulce, algo refrescante que despierte mis sentidos y lleve a mi memoria todos los recuerdos de aquel viaje a Yucatán. Y cuando eso sucede, preparo un postre sensacional, un postre que es un homenaje: "Sopa de Xtabentún"

SOPA DE XTABENTÚN

Rendimiento:
4 copas

Tiempo de preparación:
15 minutos

Ingredientes:

- 8 naranjas dulces
- 2 limones (sólo el jugo)
- 1 caballito de Xtabentún
- ¼ taza de leche de coco
- ½ taza de melón valencia en perlas
- ½ taza de melón chino en perlas
- ½ taza de sandía en perlas
- ½ taza de papaya en perlas
- Hojas de menta fresca

Valor Nutrimental

E (K/cal)	133
HC (g)	31
Pt (g)	1
LT (g)	1
Col (mg)	0
Fb (g)	2
Na (mg)	14
Ca (mg)	59

Procedimiento:

Exprime en un tazón las naranjas y los limones, tírale el Xtabentún y la leche de coco, con ayuda de un globo batidor integra esta mezcla, agrega las perlas de fruta y déjalas por unos minutos en tu refrigerador, divide las frutas y el líquido en 4 copas martineras, adorna con las hojas de menta fresca.

La mañana siguiente partimos rumbo a Campeche y seguro que fue el hambre, pero me despertó un pensamiento que no pude sacar de mi cabeza durante todo el viaje en carretera. Recordé Celestún y la técnica tradicional que aún utilizan para la pesca de pulpo cuando sumergen largas varas en el mar que después estarán desbordantes de ese delicioso molusco. Y aquel pensamiento me produjo un antojo inmediato, una crujiente, jugosa y suculenta torta de pulpo cocinado a leña, con el sabor ahumado de la madera que será bañado con una picosa salsa de habanero.

TORTA DE PULPO

Rendimiento:
4 porciones

Tiempo de preparación:
25 minutos

Ingredientes:

Para la marinada:

- ½ taza de aceite de oliva
- Páprika o pimentón al gusto
- ½ cucharadita de pimienta negra molida
- 1 cucharadita de sal marina
- 1 cucharada de jugo de limón
- 2 pulpos medianos precocidos en agua

Para la mayonesa:

- ¼ taza de mayonesa baja en grasa
- 1 cucharadita de páprika
- 2 cucharadas de jitomates deshidratados en aceite
- Un toque de Sal La Fina® y pimienta negra

Para el pulpo:

- 2 pulpos precocidos en agua
- 2 varitas de ocote
- Carbón

Salsa de habanero:

Rendimiento:
1 taza

Tiempo de preparación:
15 minutos

Ingredientes:

- 4 tomates verdes
- ½ cebolla chica
- 1 diente de ajo
- 2 piezas de chile habanero
- 5 cucharadas de agua
- Un toque de Sal La Fina® y pimienta

Para presentar:

- 4 piezas de chapata
- 1 taza de mezcla de lechugas (francesa, escarola y sangría)
- 1 pieza de jitomate
- 1 pieza de aguacate

Procedimiento:

Mezcla en un tazón el aceite de oliva, la pimienta, la sal de mar y el jugo de limón, marina el pulpo por unos minutos en esta mezcla, mientras tanto, prende el carbón en tu parrilla y pon encima las varitas de ocote, cocina el pulpo marinado sin dejar que se cueza demasiado para que no quede muy duro, retíralo del fuego, déjalo reposar por unos minutos. Córtalo en rodajas y reserva.

Para la mayonesa:

Pon en tu licuadora la mayonesa baja en grasa, la páprika y los jitomates deshidratados, tírale un toque de Sal La Fina® y pimienta y licualo hasta tener una textura un tanto espesa y reserva.

Para la salsa:

Pon en un comal todos los ingredientes, deja quemar un poco y licua con agua y un toque de Sal La Fina® y pimienta. Abre cada chapata por la mitad, unta la mayonesa que reservaste, en la base pon una cama de lechugas, encima el pulpo en rodajas, unas rebanadas de jitomate, aguacate y salsa al gusto, cierra y fija de cada lado con unos palillos, corta en diagonal para que la presentación sea espectacular.

Valor Nutrimental

E (K/cal)	809
HC (g)	45
Pt (g)	24
LT (g)	59
Col (mg)	41
Fb (g)	3
Na (mg)	982
Ca (mg)	98

CAMPECHE

Poco a poco nos fuimos alejando de Mérida, dejábamos atrás un estado cuya gastronomía es producto de un mestizaje culinario (cocina prehispánica, libanesa y francesa) que expandió los horizontes del sabor y la experiencia de la cocina mexicana. Pero lejos de extrañar mi última parada, mis expectativas crecían ante el nuevo horizonte. La carretera en momentos con vista al mar y calurosa era la promesa de platillos refrescantes, aromáticos, llenos del sabor marino y la tradición del lugar donde fue construido

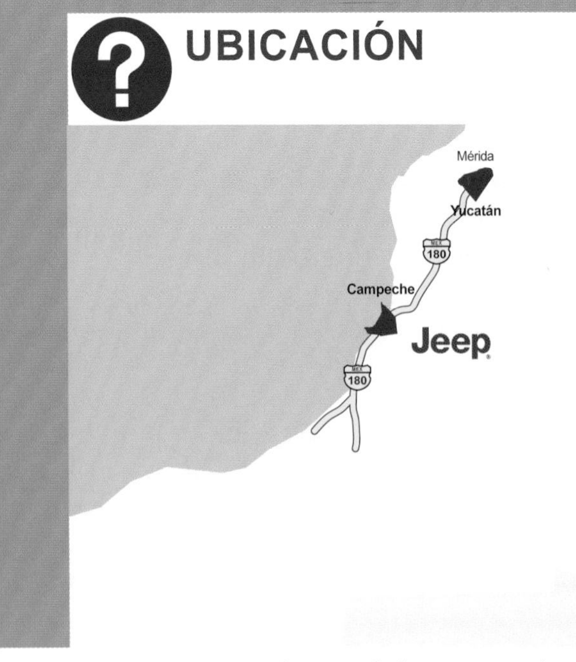

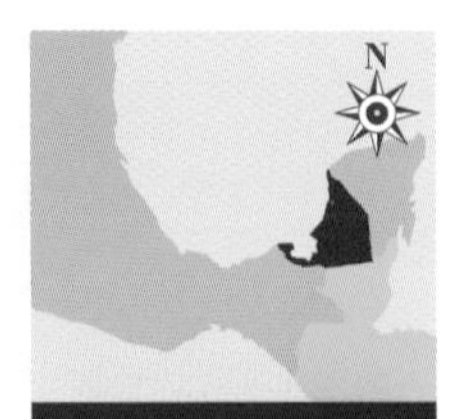

Campeche

Tiempo aprox. de viaje Mérida-Campeche: 2 h.

Superficie: 57,924 km²
Habitantes: 754,730

Altitud: 90 msnm
(Cerro Champerico)

Coordenadas
Latitud 17º 10' N
Longitud 92º 32' O

el primer baluarte en suelo mexicano, Campeche, a tan sólo 2 horas.

En la costa de San Francisco de Campeche, capital del estado, el imponente muro de un fuerte armado con poderosos cañones mira al mar vigilante, protege la ciudad de manera obstinada como lo hiciera mucho tiempo atrás, cuando este importante puerto comercial era acechado por temibles embarcaciones piratas en busca de riqueza. La brisa del mar parece contarte la historia de los ataques, y de la resistencia que oponían los campechanos para salvaguardar los edificios del centro histórico como el mayor de los tesoros, mismos que hoy en día han sido declarados Patrimonio de la Humanidad por la UNESCO.

Nuestro estómago hacía ruidos tan fuertes como las olas que se estrellaban en las costas, pero antes de sentarnos a la mesa quisimos dar un recorrido por la ciudad para conocer un poco más sobre el lugar que visitábamos. Así, supimos que en la hermosa Catedral campechana se colocó el primer reloj público y que al interior del templo está la capilla de La Española y Jesús el Nazareno. También nos enteramos que algunas de las mansiones y edificios adornados con increíbles arcos interiores o balcones de herrería fueron hechos en el siglo XVI. Entramos al Templo de San Román, ubicado en la calle 10, donde hay un Cristo muy particular traído desde Italia en el año de 1565, con detalles en plata y considerado milagroso por el pueblo campechano. Este Cristo es de color negro. No pueden perdérselo en su visita.

¡AL ABORDAJE!

Para este momento el ruido de nuestros estómagos parecían cañonazos que exigían un alimento vigoroso con un toque local. La solución no se hizo esperar y atacamos un suave y aromático pan de cazón. Elaborado en finas capas de tortillas de maíz intercaladas con el cremoso sabor tradicional de un intenso guisado de cazón hecho con jugosos tomates, el perfume mexicano del epazote, el intenso picor del habanero, más una aterciopelada capa de frijoles y delgadas láminas de aguacate, nos hizo agua la boca al instante y todos gritamos como piratas, ¡al abordaje!

PAN DE CAZÓN

Rendimiento:
8 porciones

Tiempo de preparación:
25 minutos

Ingredientes:

- 2 dientes de ajo picados
- ½ cebolla picada
- 3 piezas de jitomate, picado burdo
- Un toque de Sal La Fina® y pimienta
- Un toque de aceite
- 8 hojas de epazote
- 3 filetes de cazón
- 12 tortillas
- 2 tazas de frijoles negros refritos

Procedimiento:

Precalienta el horno a 180 ºC.

En un sartén pon el ajo picado y la cebolla, deja acitronar. Agrega el jitomate y 2 hojas de epazote, dale sabor con un toque de Sal La Fina® y pimienta, mezcla en tu licuadora y reserva.

En el mismo sartén donde preparaste la salsa pon el filete de cazón hasta que esté bien cocido con Sal La Fina® y pimienta, y desmenuza.

Pasa las tortillas por un poco de aceite caliente, unta de frijoles y acomoda en un refractario una capa, después agrega el pescado con 2 hojas de epazote y un poco de salsa, repite la capa de tortilla, pescado y salsa, termina con una capa de tortilla y salsa y hornea 7 minutos.

Sirve de inmediato mientras esté caliente.

Cortesía chef Ricardo Muñoz Zurita

Valor Nutrimental

E (K/cal)	423
HC (g)	57
Pt (g)	26
LT (g)	10
Col (mg)	31
Fb (g)	3
Na (mg)	256
Ca (mg)	186

El delicioso sabor del pan de cazón trajo a mi mente la receta de unos crujientes y coloridos chilaquiles verdes, bañados por delicioso queso gratinado, el aroma penetrante de la cebolla, el color contrastante de la crema y el sabor suave y refrescante de exquisitos trozos de pescado que daban al platillo un matiz de texturas sin igual.

CHILAQUILES VERDES CON CALLOS DE ALMEJA

Ingredientes:

- 8 piezas de tomates verdes
- ½ cebolla
- 1 diente de ajo
- 1 ramita de cilantro
- 1 ramita de epazote
- 2 chiles serranos o de árbol
- 1 cucharadita de azúcar
- 2 cucharadas de aceite de maíz
- Un toque de consomé de pollo en polvo
- Aceite de maíz, el suficiente
- 4 tortillas de maíz cortadas en triángulos
- 2 cucharadas de aceite
- 1 taza de callos de almeja
- Sal La Fina® y pimienta
- 4 cucharadas de queso manchego Lala® rallado
- 4 cucharadas de crema Lala® baja en grasa
- 1 cebolla morada picada en rodajas

Rendimiento:
4 porciones

Tiempo de preparación:
30 minutos

Valor Nutrimental

E (K/cal)	198
HC (g)	21
Pt (g)	13
LT (g)	7
Col (mg)	162
Fb (g)	3
Na (mg)	885
Ca (mg)	82

Procedimiento:

Asa los tomates, la cebolla y el ajo en un sartén o plancha hasta que cambien ligeramente de color, ponlos en el vaso de tu licuadora, junto con el cilantro, el epazote y los chiles serranos; tira una cucharadita de azúcar y lícualo hasta obtener una salsa. Calienta el aceite en un sartén y fríe la salsa, rectifica el sabor con un toque de consomé en polvo, deja que se cocine a fuego bajo hasta que hierva. Mientras tanto, fríe en una olla los triángulos de tortilla con el aceite, escúrrelos y reserva. Pon a calentar el aceite y saltea un poco los callos de almeja con un toque de Sal La Fina® y pimienta. Para armar el plato pon los triángulos de tortilla en el plato, los callos, y agrega encima la salsa bien caliente, espolvorea el queso manchego Lala® rallado, tírale unas rayas de crema Lala® y por último unas rodajas de cebolla morada.

Matilde, una campechana muy sonriente que atendía el restaurante, nos contó una tradición local fascinante. En San Francisco de Campeche los hombres son los encargados de ir al mercado y comprar las viandas para toda la familia, porque según nos platicó, desde la primera invasión de piratas franceses en el año de 1559 el asedio de corsarios a estas costas fue constante y las mujeres no salían a la calle por miedo a ser víctimas de estos mercenarios.

CALAKMUL

Después de recorrer la hermosa capital campechana, decidimos desviarnos un poco de nuestro camino y visitar un lugar que, según la sonriente Matilde, no podíamos perdernos: Calakmul, que en maya significa "ciudad de los montículos adyacentes". Ubicada a 210 km prometía ser un viaje largo, pero lleno de maravillosas vistas que nos entretendrían todo el camino; aun así no quisimos arriesgarnos y preparamos un sabroso *lunch* que nos calmaría el apetito en caso de emergencia. ¿Cómo les caería un crujiente e intenso sándwich de suave cangrejo aderezado con un poderoso aceite del chile más popular de la zona, el xcatic?

SÁNDWICH DE CANGREJO CON MAYONESA DE XCATIC

Rendimiento:
4 porciones

Tiempo de preparación:
20 minutos

Ingredientes:

- 1 taza de pulpa de cangrejo
- ½ cebolla
- ½ taza de cilantro
- Aceite de oliva
- Un toque de Sal La Fina®
- Un toque de pimienta
- ½ taza de mayonesa
- 2 chiles xcatic
- 1 tazón de lechuga escarola limpia
- 2 piezas de jitomate en rebanadas
- 8 aros de cebolla morada
- 4 piezas de pan de centeno

Procedimiento:

Limpia bien la pulpa de cangrejo para que no tenga nada de espinas, pica finamente la cebolla y el cilantro, mezcla todo con un chorrito de aceite de oliva y un toque de Sal La Fina® y pimienta.

Licua la mayonesa con los chiles.

Dora ligeramente las rebanadas de pan para que tengan textura crujiente, unta la base con la mayonesa; encima, una cama de lechuga, jitomate, aros de cebolla y por último el cangrejo.

Valor Nutrimental

E (K/cal)	362
HC (g)	12
Pt (g)	14
LT (g)	29
Col (mg)	162
Fb (g)	3
Na (mg)	620
Ca (mg)	82

En medio de un paisaje natural inigualable, Calakmul, la ciudad maya con la mayor cantidad de estelas (120) que cuentan la historia de una de las ciudades prehispánicas más importantes de México, es sin lugar a dudas el mayor hallazgo arqueológico que se ha hecho de esta gran cultura con más de 6,750 estructuras identificadas. Entre el follaje selvático, custodiada por una fauna imponente como el jaguarundi, el puma, el tigrillo, el ocelote y el jaguar, se erigen mostrando el poderío de un imperio avanzadísimo. Las descomunales estructuras de piedra gris de la acrópolis y la estructura II.

Calakmul fue una ciudad habitada durante más de 2 mil años y, junto con Palenque y Tikal, conformaba el poderoso eje político-religioso de los mayas. Se compone de edificios como el hermoso juego de pelota, poderosas murallas; chultunes, que son sofisticados sistemas de captamiento de agua de lluvia que se almacena de manera subterránea, sascaberas o pozas artificiales y numerosas tumbas de importantes figuras de la sociedad maya. Calakmul es tan sorprendente y hermosa como Palenque; sin duda, un lugar que no pueden perderse en su visita a Campeche.

UAYAMÓN

Regresamos a San Francisco de Campeche por la tarde, pero estábamos un poco cansados por el trayecto y decidimos desviarnos nuevamente para pasar la noche en un lugar fabuloso, la famosa hacienda Uayamón. Sabíamos que este lugar era una prestigiosa estancia ganadera desde el siglo XVI, pero lo que descubrimos al llegar es que fue en el siglo XIX cuando extendió su producción al henequén, maíz y caña de azúcar; y no sólo eso, sino que se convirtió en un modelo de negocio

al brindarle a sus trabajadores habitaciones, servicios médicos de primera y centros educativos. Actualmente funciona como un majestuoso hotel que ha sabido adaptar la construcción tradicional a las nuevas instalaciones, generando una gran experiencia para los huéspedes, que por supuesto se extiende hasta los poderosos sabores de su cocina.

Fue ese aroma el que me llamó desde que pisamos la hacienda y no pude evitar seguir mis instintos; por supuesto me metí hasta la cocina donde descubrí la preparación del jugoso y tradicional chile xcatic relleno de aromático pescado.

CHILE XCATIC RELLENO

Rendimiento:
4 porciones

Tiempo de preparación:
30 minutos

Ingredientes:

- 4 chiles xcatic
- 3 tazas de picadillo
- 4 jitomates
- ½ cebolla
- 1 diente de ajo
- 1 cucharada de aceite
- Un toque de Sal La Fina®
- 1 cucharada de crema Lala®

Procedimiento:

Asa los chiles en el fuego directo, volteándolos constantemente hasta que se asen bien, mételos en una bolsa de plástico por un minuto, pélalos y ábrelos por un lado, quita las venas y las semillas.

Rellena los chiles con el picadillo.

Pon los jitomates en tu licuadora junto con la media cebolla y el ajo y fríe en un sartén con poco aceite.

Coloca en un plato un chile, baña con salsa caliente y un toque de crema Lala®. Acompáñalos con frijoles refritos y arroz.

Cortesía chef Ricardo Muñoz Zurita

Valor Nutrimental

E (K/cal)	501
HC (g)	4
Pt (g)	55
LT (g)	30
Col (mg)	178
Fb (g)	1
Na (mg)	622
Ca (mg)	37

PASTA CON ALMEJAS Y OSTIONES A LA PARRILLA

Rendimiento: 4 porciones

Tiempo de preparación: 20 minutos

Valor Nutrimental	
E (K/cal)	194
HC (g)	14
Pt (g)	2
LT (g)	14
Col (mg)	43
Fb (g)	1
Na (mg)	517
Ca (mg)	51

Ingredientes:

- 24 piezas de almejas medianas
- 24 piezas de ostiones frescos
- ¼ taza de aceite
- 2 cucharadas de mantequilla Lala®
- 1 cucharadita de echalote finamente picado
- 1 cucharadita de ajo finamente picado
- ½ taza de vino blanco seco
- ½ taza de crema Lala®
- Un toque de Sal La Fina® y pimienta
- ½ paquete de spaghetti cocido
- Hojas de perejil fresco

Procedimiento:

Pon las almejas y los ostiones directamente en tu parrilla perfectamente engrasada con aceite, te recomiendo que para darle mejor sabor los cocines al carbón o con ramitas de ocote, cocínalos ligeramente sólo por algunos minutos para que no queden con textura chiclosa, retira la carne de las conchas y reserva. Pon en tu sartén la mantequilla Lala® y agrega el echalote picado y el ajo, deja que tomen un tono transparente y agrega el vino blanco. Cocínalo unos minutos para que se evapore el alcohol, baja el fuego y agrega poco a poco la crema Lala® sin dejar de mover. Tírale un toque de Sal La Fina® y pimienta para mejorar el sabor, por último agrega la pasta y la carne de las almejas y los ostiones cocinados a la parrilla, revuelve suavemente para que todo se integre perfectamente, adorna con hojitas de perejil fresco.

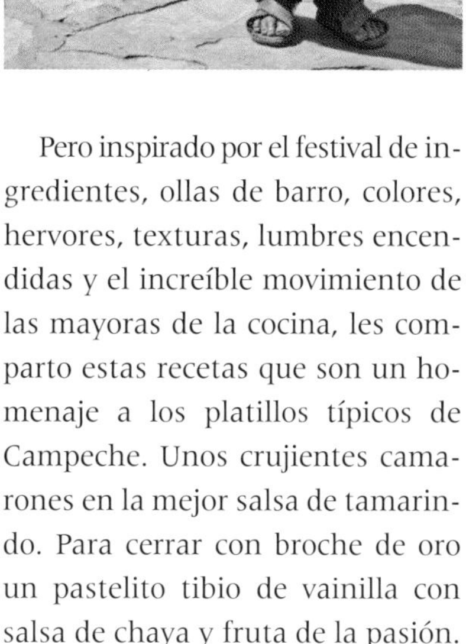

Pero inspirado por el festival de ingredientes, ollas de barro, colores, hervores, texturas, lumbres encendidas y el increíble movimiento de las mayoras de la cocina, les comparto estas recetas que son un homenaje a los platillos típicos de Campeche. Unos crujientes camarones en la mejor salsa de tamarindo. Para cerrar con broche de oro un pastelito tibio de vainilla con salsa de chaya y fruta de la pasión.

¡Ah!, y por supuesto, para brindar por los campechanos una cuba campechana como la que hacía mi abuelo. ¡Salud!

CAMARONES CON SALSA DE TAMARINDO

Rendimiento:
4 porciones

Tiempo de preparación:
25 minutos

Ingredientes:

- Aceite
- 1 taza de concentrado de tamarindo
- ¼ taza de vinagre
- 1 cucharadita de azúcar
- Un toque de Sal La Fina®
- Un toque de pimienta
- 1 cucharada de salsa inglesa
- 2 cucharadas de aceite
- 2 dientes de ajo picados
- 1 cucharada de jengibre picado
- ½ echalote picado
- 2 tazas de piña en trozos
- 16 piezas de camarón mediano, pelados y limpios
- 1 cucharada de cebollín picado
- Media piña miel, a lo largo

Procedimiento:

Para hacer la salsa sólo calienta el concentrado de tamarindo, agrega el vinagre, el azúcar, dale sabor con un toque de Sal La Fina® y pimienta.

En tu sartén pon el aceite, deja calentar un poco, agrega ajo, jengibre y echalote, después tira las piñas y los camarones, agrega un poco de Sal La Fina® y pimienta, en cuanto cambien de color voltéalos, hasta que hayan cambiado completamente de color, por último agrega el cebollín picado por encima.

Limpia la piña por el centro, retirando la pulpa, y sirve los camarones en ella.

Valor Nutrimental

E (K/cal)	541
HC (g)	94
Pt (g)	19
LT (g)	8
Col (mg)	121
Fb (g)	6
Na (mg)	109
Ca (mg)	148

PASTELITO TIBIO DE VAINILLA CON SALSA DE CHAYA Y FRUTA DE LA PASIÓN

Rendimiento:
12 porciones

Tiempo de preparación:
30 minutos

Ingredientes:

Salsa de chaya:

- $^1/_4$ taza de azúcar
- 4 hojas de chaya
- ½ taza de agua
- 1 cucharada de hojas de menta

Salsa de fruta de la pasión:

- 1 taza de pulpa de maracuyá
- ½ taza de agua
- 1 cucharada de azúcar

Para el pastelito de vainilla:

- ½ taza de mantequilla Lala®
- 1 taza de azúcar
- 1½ tazas de harina
- ½ taza de leche
- 2 cucharaditas de polvo de hornear
- 2 huevos
- 1 pizca de Sal La Fina®
- Esencia de vainilla

Procedimiento:

Precalienta tu horno a 180 °C.

Para la salsa de chaya sólo licua todos los ingredientes y reserva en un tazón que tenga una consistencia un poco pesada.

Para la salsa de fruta de la pasión licua todos los ingredientes, pon a fuego medio unos minutos hasta tener una consistencia espesa, y reserva.

Para el pastelito de vainilla sólo mezcla todos los ingredientes y vacía la mezcla en moldes individuales engrasados con mantequilla Lala® y harina, mételos al horno a 180 °C 20 minutos.

Sirve la sopa de fruta de la pasión y por un lado un poco de la salsa de chaya, para que se vean los dos colores y en medio el pastelito de vainilla.

Valor Nutrimental

E (K/cal)	416
HC (g)	50
Pt (g)	5
LT (g)	22
Col (mg)	0
Fb (g)	0
Na (mg)	14
Ca (mg)	9

CUBA CAMPECHANA

Rendimiento:
1 porción

Tiempo de preparación:
5 minutos

Valor Nutrimental

E (K/cal)	81
HC (g)	9
Pt (g)	0
LT (g)	0
Col (mg)	0
Fb (g)	0
Na (mg)	14
Ca (mg)	9

Ingredientes:

Hielo
¼ taza de ron blanco
Un poco de refresco de cola
Un poco de agua mineral
Una rodaja de limón

Procedimiento:

Para prepararla en un vaso agrega hielos, ron, refresco de cola y agua mineral en partes iguales, coloca una rodaja de limón y sírvela.

Es ideal para quienes prefieren las bebidas no tan dulces.

TABASCO

"Ven, ven, ven, que Tabasco es un Edén", así canta el estribillo de una de las canciones más emblemáticas para los tabasqueños, haciendo coro a la alegría de su gente. Y sí, puedo percibir por qué se refieren a este lugar con ese nombre, pues desde Campeche hasta Villahermosa, capital del estado, pudimos notar cómo la vegetación se vuelve más exuberante, el verde llena el paisaje con una variedad de flora sin igual, árboles frutales, aves cruzando el cielo que encuentran aquí un clima húmedo perfecto para la supervivencia.

UBICACIÓN

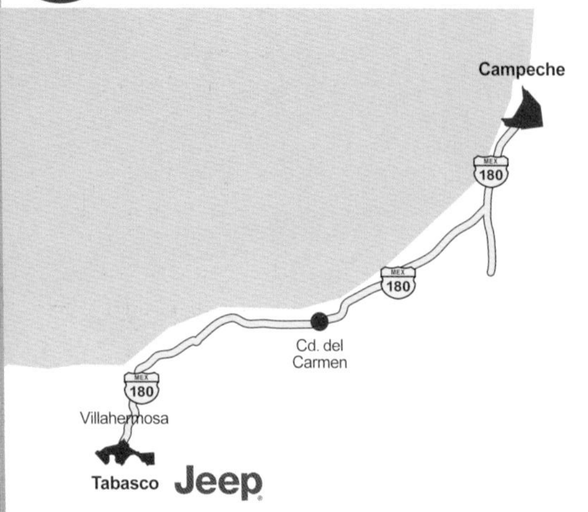

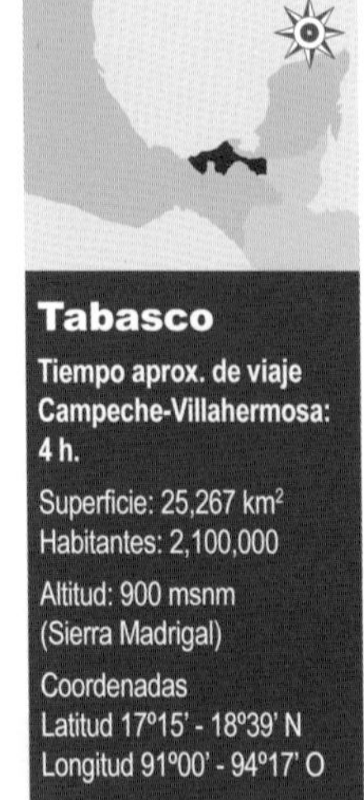

Tabasco

Tiempo aprox. de viaje Campeche-Villahermosa: 4 h.

Superficie: 25,267 km^2
Habitantes: 2,100,000
Altitud: 900 msnm (Sierra Madrigal)
Coordenadas
Latitud 17°15' - 18°39' N
Longitud 91°00' - 94°17' O

¿Y por qué es tan húmedo? Bueno, eso es debido a que gran parte de la superficie del territorio está conformada por terrenos inundables, a poca altitud e incluso por debajo del nivel del mar. De este modo, la irrigación de la zona es abundante y propicia para productos como el plátano, el cacao, guanábana, pitahaya, chaya y chile mashito, entre muchos productos agrícolas más.

Pero no se vayan con la finta, porque a pesar de la humedad, el calor es intenso, por lo que les recomiendo que cuando la visiten lleven ropa ligera.

LA VENTA

Como ha sido el estilo de esta aventura gastronómica por México siempre que llegamos a un lugar, lo primero que hacemos antes de empezar a devorar los platillos típicos es dar una vuelta y hacer hambre. ¿El lugar perfecto para esta iniciativa? El Parque Museo de La Venta, donde a partir de la iniciativa de uno de los tabasqueños más ilustres apodado el Poeta de América, Carlos Pellicer, se atesora una de las más importantes colecciones de arte olmeca del país, cultura predominante de la zona.

Al interior del museo puedes ver exhibidas las 36 piezas monumen-

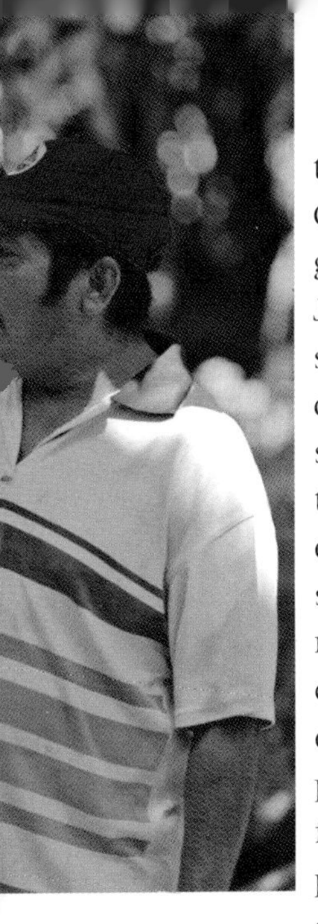

tales entre las que sobresalen la Cabeza Colosal, la Cabeza del Jaguar, el Mono Mirando al Cielo y el Jaguar Humanizado, entre numerosas esculturas más que dan muestra de la valiosa aportación artística que se desarrolló en la zona hace cientos de años. Al salir de estas salas de exposición, llegamos a la parte selvática del parque que ha sabido reproducir perfectamente las condiciones de flora y fauna de la zona. Y de esa fauna surgió un cocodrilo de proporciones monumentales, el más famoso del estado, su nombre es Papillón, nombre que le fue otorgado, según nos relató Matías, el guía del parque, porque el viejo cocodrilo se escapaba una y otra vez de su cautiverio sin que nadie se diera cuenta, igual que un famoso prisionero con el mismo apodo que se escapó de la cárcel en helicóptero.

Todo este recorrido nos dejó más que hambrientos, las recomendaciones de Matías fueron unos suaves y cremosos plátanos rellenos de picadillo, el exótico pejelagarto frito que la verdad hasta se me revolvió el estómago tan sólo de verlo y lo cambié por unos jugosos medallones de res con una delgada y crujiente capa de chile guajillo, aderezados con una salsa en honor a los productos locales, salsa de chocolate, ¿cómo les suena?

PLÁTANOS RELLENOS DE PICADILLO

Rendimiento:
30 porciones

Tiempo de preparación:
35 minutos

Nota: Los platanitos rellenos son típicos del desayuno; se pueden rellenar de carne molida, de queso, de poro y de frijol en marqueta; también son muy usados como guarnición de carnes, aunque son más usados en platos de fiesta, cuando hay un plato principal, por ejemplo ensalada de novio, carne fría y platanito relleno.

Ingredientes:

Para la pasta de plátano macho:

3 kilos de plátano macho maduro
1 pieza de canela en raja
1 pieza de pimienta de tabasco
1 pizca de azúcar
Agua la necesaria

Para los platanitos rellenos:

Pasta de plátano macho
Picadillo
Aceite para trabajar la masa
Aceite para freír

Procedimiento:

Corta los plátanos por mitad y colócalos con todos los ingredientes. Pónlos a cocer por espacio de 30 minutos a fuego lento, esto una vez que rompa a hervir todo.

Pela los plátanos y colócalos en la batidora y con ayuda de la espátula bate hasta crear una pasta homogénea y tersa; rectifica la sazón y reserva.

Con la mano toma 100 gramos de pasta de plátano y forma una cazuelita, agrega picadillo en el centro, para luego formar un molote, es importante que para poder trabajar perfectamente la pasta de plátano es necesario tener las manos engrasadas con aceite.

Una vez formados los molotitos de plátano se fríen a 180 °C hasta tener un color dorado oscuro. Se pueden servir fríos o calientes.

Cortesía chef Aquiles Chávez

Valor Nutrimental

E (K/cal)	941
HC (g)	59
Pt (g)	39
LT (g)	62
Col (mg)	118
Fb (g)	5
Na (mg)	124
Ca (mg)	29

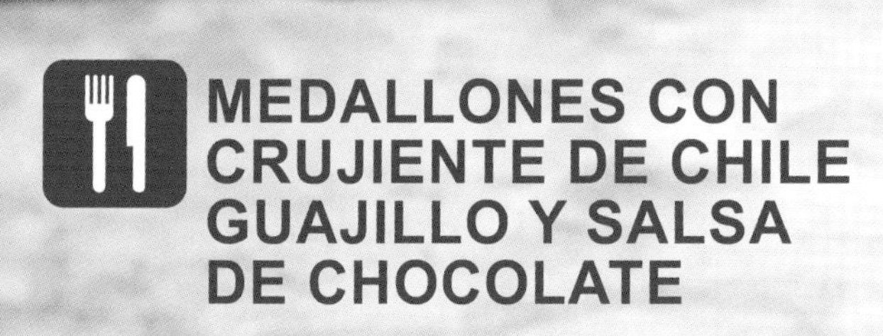

MEDALLONES CON CRUJIENTE DE CHILE GUAJILLO Y SALSA DE CHOCOLATE

Rendimiento:
4 porciones

Tiempo de preparación:
30 minutos

Valor Nutrimental

E (K/cal)	511
HC (g)	8
Pt (g)	44
LT (g)	31
Col mg	145
Fb (g)	0
Na (mg)	211
Ca (mg)	35

Ingredientes:

- 3 cucharadas de mantequilla Lala®
- 1 cucharada de aceite de oliva
- ½ caña de filete de res limpio, en medallones
- Un toque de Sal La Fina®
- Un toque de pimienta
- ½ cebolla
- 1 diente de ajo
- ½ taza de vino tinto
- 1 tablilla de chocolate amargo rallado
- 4 piezas de chile morita
- 1 cucharada de aceite

Procedimiento:

Fríe en mantequilla Lala® y aceite los medallones de filete hasta que estén dorados por fuera, tírales un toque de Sal La Fina® y pimienta, agrega la cebolla y ajo picados, deja freír un poco, agrega vino tinto, deja a fuego medio hasta que la carne esté cocida; saca la carne y reserva.

Mientras, a la salsa que te quedó tira el chocolate y revuelve bien, deja hervir unos minutos más.

Para el crujiente de chile morita sólo corta en rodajas y fríe con un toque de aceite, durante un minuto.

Sirve los medallones, tira encima un poco de la salsa de chocolate y decora con crujientes de chile morita.

LOS CHANEQUES

¿Qué son los chaneques? Son los duendes que pueblan las leyendas de la zona. Son traviesos y desordenados, disfrutan haciéndoles bromas a los humanos. Les esconden las llaves, los calcetines que se quedan sin par, mueven las cosas de lugar y por lo general deambulan de noche planeando sus bromas. Pero entre todos ellos hay un chaneque muy especial, se llama "Yumká" y es un héroe mitológico de la etnia chontal que es el encargado de proteger los árboles y la naturaleza. Es por eso que se creó el parque ecológico con el mismo nombre, "Yumká", dedicado a la protección y preservación de los ecosistemas tabasqueños, donde podrán ver monos saraguatos, jaguares, garzas y venados, que duermen seguros dentro de aquel lugar, pues un chaneque está listo para proteger su vida.

En honor a ese duendecillo, les comparto la receta de tres variantes de unos crujientes chips de plátano con tres dips.

CHIPS DE PLÁTANO CON 3 DIPS

Rendimiento:
12 porciones

Tiempo de preparación:
30 minutos

Ingredientes:

4 plátanos no muy maduros
Aceite
Un toque de Sal La Fina®

Dip de ciruela, jitomate y chipotle:

1 taza de ciruelas
4 tazas de agua
2 jitomates
¼ taza de chipotles
Un toque de Sal La Fina®
Un toque de pimienta

Dip de tamarindo y jengibre:

1 taza de concentrado de tamarindo
½ taza de vinagre
1 cucharadita de azúcar
Un toque de Sal La Fina®
Un toque de pimienta
Una cucharada de salsa inglesa
2 cucharadas de jengibre rallado

Dip de chocolate:

1 taza de chocolate blanco
¼ taza de crema Lala®

Procedimiento:

Para preparar los chips:
Corta los plátanos a lo largo en rebanadas muy delgadas y fríelas en aceite; resérvalas en papel absorbente y tírales un toque de Sal La Fina®.

Dip de ciruela, jitomate y chipotle:
Cuece las ciruelas en agua y quítales el hueso, asa los jitomates en un comal, en tu licuadora mezcla las ciruelas, los jitomates y el chipotle con un poco de agua y un toque de Sal La Fina® y pimienta.

Para el dip de tamarindo y jengibre:
Calienta el concentrado de tamarindo, agrega el vinagre, el azúcar, un toque de Sal La Fina®, pimienta, la salsa inglesa y el jengibre rallado, deja hervir unos minutos para que espese.

Dip de chocolate:
Calienta el chocolate blanco junto con la crema Lala® hasta que se derrita bien y tenga una consistencia tersa.

Valor Nutrimental

E (K/cal)	724
HC (g)	151
Pt (g)	8
LT (g)	10
Col (mg)	26
Fb (g)	7
Na (mg)	700
Ca (mg)	164

Pero el recorrido además de sabores, y recuerdos inolvidables, me dejó estas palabras de Carlos Pellicer que comparto con ustedes.

"Agua de Tabasco vengo,
Agua de Tabasco voy,
De agua hermosa es mi abolengo
Y es por eso que aquí estoy,
Dichoso con lo que tengo"

¡Próxima parada, Veracruz!

VERACRUZ

Desde Villahermosa seguimos la carretera que nos conduciría al Puerto de Veracruz, al corazón del Golfo de México. Durante el trayecto pasamos el puerto de Coatzacoalcos, cuya palabra en náhuatl significa "lugar donde se esconde la culebra" y que además es un paso obligado para el sureste del país, por lo que se le conoce también como la "Llave del Sureste". Seguimos subiendo y más adelante nos topamos con un lugar realmente mágico, Catemaco. Famosa tierra de brujos y chamanes, donde según cuen-

tan sus habitantes acuden personas de todo el país a hacerse limpias, a buscar amuletos de protección o buena fortuna además de hierbas curativas. El camino nos tomó varias horas, pero el paisaje cambiante nos entretuvo hasta que llegamos a la cuatro veces heroica Veracruz.

Les cuento que fue Hernán Cortés quien el 22 de abril de 1519 nombrara el lugar como La Villa Rica de la Vera Cruz convirtiéndose en el primer ayuntamiento en tierra continental. Esto lo supimos porque pasamos a buscar al boulevard Miguel Alemán a mi gran amiga Teresa, jarocha de corazón, quien nos llevaría a comer los mejores langostinos al chipotle de la zona. Eran alrededor de las 3 de la tarde, así que no había tiempo que perder, dijo; dejamos el puerto atrás para sorpresa de todos y manejamos hasta La Antigua, asentamiento ubicado a orillas del río Huitzilpan y donde se puede ver la primera capilla construida en América además de los restos derruidos de la casa que en algún momento habitara Hernán Cortés.

Ahí, en un lugar donde se respira el principio de la historia del México colonial, sentados en un pequeño restaurante ubicado a las orillas del río, pedimos un intenso chilpachole de jaiba cuyo aroma marino penetra en tu nariz con el vapor que emana del plato caliente y del que el sabor se desliza en tu paladar como un cangrejo en la playa; para después entrarle a unos picositos langostinos al chipotle, que vas pelando poco a poco con las manos y succionas todo su sabor olvidándote de los cubiertos por un momento.

CHILPACHOLE DE JAIBA

Rendimiento:
4 porciones

Tiempo de preparación:
30 minutos

Ingredientes:

- 4 piezas de chile ancho limpios
- 3 piezas de chile guajillo, limpios
- 6 piezas de jitomate
- 3 dientes de ajo
- 1 pieza de cebolla chica
- 4 tazas de agua
- 2 tazas de pulpa de jaiba
- 10 hojas de epazote
- Un toque de Sal La Fina® y pimienta
- ½ taza de masa para tortillas

Procedimiento:

Asa los chiles desvenados junto con jitomate, ajo, cebolla, pon en tu licuadora con 2 tazas de agua.

Coloca en una olla y agrega también la pulpa de jaiba junto con 5 hojas de epazote.

Coloca un poco más de agua y dale sabor con un poco de Sal La Fina® y pimienta, cuando llegue a hervir baja el fuego.

Haz bolas pequeñas de masa y aplasta un poco, fríe hasta que estén un poco doradas y agrega al caldo.

Sirve caliente y para decorar fríe en un poco de aceite las hojas de epazote.

Cortesía chef Mari Celis de de Antuñano

Valor Nutrimental

E (K/cal)	271
HC (g)	29
Pt (g)	26
LT (g)	6
Col (mg)	188
Fb (g)	3
Na (mg)	637
Ca (mg)	123

LANGOSTINOS AL CHIPOTLE

Ingredientes:

1 taza de chile chipotle en adobo
½ taza de pulpa de tamarindo
½ taza de azúcar morena
1 diente de ajo picado
2 cucharadas de cebolla picada
1 cucharadita de jengibre picado
Un toque de Sal La Fina® y pimienta
12 piezas de langostinos limpios

Rendimiento:
4 porciones.

Tiempo de preparación:
20 minutos

Valor Nutrimental

E (K/cal)	264
HC (g)	52
Pt (g)	7
LT (g)	3
Col (mg)	59
Fb (g)	2
Na (mg)	510
Ca (mg)	55

Procedimiento:

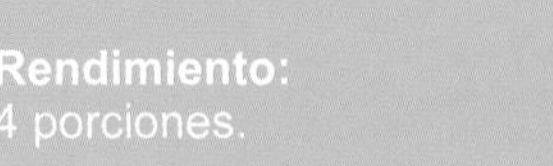

Pon en tu licuadora el chile chipotle, pulpa de tamarindo, azúcar y mezcla bien. En un sartén acitrona el ajo y cebolla, agrega el jengibre y la salsa que tenías en la licuadora, dale sabor con un poco de Sal La Fina® y pimienta hasta hervir.
Marina los langostinos en la salsa y cocina a la parrilla.

HEROICA VERACRUZ

Regresamos al puerto al caer la tarde. El ocaso se ocultaba detrás de la ciudad pero el faro se encargaba de destellar en intervalos el malecón. Mientras caminábamos en dirección a los portales, nos contó Teresa que al Puerto de Veracruz le decían cuatro veces heroica por haber sido lugar de cuatro de los acontecimientos más trascendentes en la defensa de la soberanía nacional durante los cuales la población luchó valientemente contra invasores extranjeros. Primero españoles en 1825, luego franceses en 1838 y dos veces más en 1847 y 1914 contra el bombardeo y desembarco de fuerzas estadounidenses.

Iban a dar las 6 de la tarde. Apretamos el paso para llegar a los portales, donde todos los viernes a esa hora una orquesta toca danzón en la plaza para que bailen los que quieran. Los portales hervían de vida y gente, la música comenzaba a sonar y las parejas de niños, adultos y ancianos se unían en la pista para mover la cadera con suavidad y elegancia. Los portales rodeaban

el escenario de baile con restaurantes, marimbas, tríos, arpistas, jaraneros y toda clase de músicos dispuestos a alegrar el ambiente con sus canciones a cambio de unos pesos. El ambiente es inigualable, perfecto para pedir unas nieves de "Los Güeros", famosa nevería del puerto con una amplia carta que va desde el coco, limón, mamey, guanábana, mandarina, fresa, vainilla, chocolate, hasta el cacahuate. Yo me apunté con una de coco.

DESAYUNO EN LA PARROQUIA

La fiesta del puerto se alarga hasta el amanecer y muchos fiesteros van al boulevard a ver despuntar del sol sus primeros rayos; pero nosotros preferimos dormirnos medio temprano para aprovechar el día y, sobre todo, llegar al desayuno tradicional del puerto, en el Café la Parroquia, ubicado frente al malecón, desde donde podrás ver los barcos. No necesité la carta para saber qué pedir: empezaría

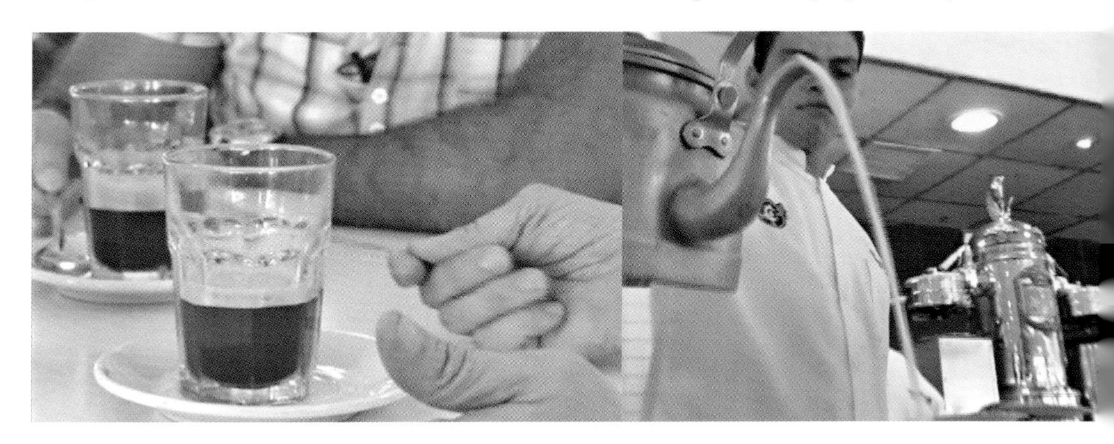

con unos cremosos y sutiles huevos tirados o huevos revueltos con frijoles, acompañados de tortillas recién hechas y un fresco jugo de toronja. Y después terminaría con un café lechero, la especialidad de la casa; que es un café expreso servido en un vaso de vidrio que golpeas suavemente con una cucharita para que el mesero se acerque hasta tu mesa con sendas jarras metálicas llenas de leche caliente que deja caer desde las alturas de manera acrobática dentro de tu vaso para hacer una espuma donde sopearás una esponjosa concha de vainilla.

HUEVOS TIRADOS

Rendimiento:
4 porciones

Tiempo de preparación:
20 minutos

Ingredientes:

- 3 cucharadas de aceite
- 4 piezas de huevo
- Sal La Fina® al gusto
- 1 taza de frijoles negros refritos
- ½ queso fresco en cubos
- 1 pieza de plátano macho frito
- Aceite

Procedimiento:

Calienta el aceite, tira los huevos sin batir y Sal La Fina®. Mueve un poco y cuando estén ligeramente coagulados agrega los frijoles.

Mezcla hasta integrar muy bien y el huevo quede bien cocido.

Corta en diagonal el plátano y fríe.

Sirve en cada plato con un poco de queso en cubos y decora con el plátano frito.

Cortesía chef Mari Celis de de Antuñano

Valor Nutrimental

E (K/cal)	455
HC (g)	48
Pt (g)	28
LT (g)	17
Col (mg)	377
Fb (g)	4
Na (mg)	430
Ca (mg)	365

BOCA DEL RÍO

La hora de la comida estaba reservada para disfrutar uno de los platillos tradicionales del estado, el pescado a la veracruzana y para ello, Teresa nos llevó a Boca del Río, una pequeña ciudad ubicada a 15 minutos del puerto donde desemboca el río Jamapa. Ahí, mientras veíamos confundirse el agua dulce y el agua salada en un oleaje que parecía una olla en hervor, saboreamos las deliciosas verduras frescas que pintaban el pescado suave y blanco de muchos colores y que combinado con el aroma de las especias se unían al paisaje en una foto que siempre llevaré en mi memoria.

PESCADO A LA VERACRUZANA

Ingredientes:

- ½ pieza de cebolla picada
- 1 diente de ajo picado
- 3 cucharadas de aceite de oliva
- 1 pieza de pimiento verde picado
- 2 piezas de jitomate sin piel en cubos
- ½ taza de aceitunas en rebanadas
- 4 piezas de filete de robalo, limpio
- 1 taza puré de tomate
- 3 piezas de chiles güeros
- Un toque de Sal La Fina® y pimienta

Rendimiento: 4 porciones

Tiempo de preparación: 20 minutos

Procedimiento:

Acitrona la cebolla y el ajo en aceite de oliva, agrega los pimientos y el jitomate en cubos, tira las aceitunas.

Agrega los filetes de pescado, deja unos minutos y agrega el puré de tomate junto con los chiles.

Tira un poco de Sal La Fina® y pimienta, deja que se integren los sabores y sirve.

Valor Nutrimental

E (K/cal)	283
HC (g)	12
Pt (g)	32
LT (g)	12
Col (mg)	0
Fb (g)	2
Na (mg)	837
Ca (mg)	84

XALAPA

Ubicada a una hora 15 minutos del puerto, la capital del estado es nombrada por muchos como la Atenas veracruzana, por ser un lugar con gran vida cultural e intelectual, donde conviven prestigiosas academias de teatro, danza y sobre todo música, así que si visitas esta ciudad no debes perderte uno de los conciertos de la Orquesta Filarmónica de Xalapa. La zona también se caracteriza por ser una tierra de gran producción cafetalera, por lo que no puedes perder la oportunidad de entrar a uno de sus múltiples cafés para disfrutar de un espumoso capuchino o un intenso expresso; pero como para nosotros ya era un poco tarde para tomarnos una de esas poderosas dosis de café, qué te parece si mejor te comparto una refrescante ensalada con delicados callos bañados por una profunda y aromática vinagreta de café; y cerramos con un dulce postre, también de café.

ENSALADA CON VINAGRETA DE CAFÉ

Ingredientes:

- 2 tazas de callo de almeja
- Un toque de pimienta blanca
- Un toque de Sal La Fina®
- 1 taza de lechuga escarola, limpia
- 1 taza de lechuga sangría, limpia
- 1 taza de mango en cubos
- ½ taza de papaya en cubos
- ½ taza de aceite de oliva
- 2 cucharadas de vinagre balsámico
- Una cucharadita de café concentrado

Rendimiento:
4 porciones

Tiempo de preparación:
15 minutos

Procedimiento:

Dale un toque de pimienta y Sal La Fina® a los callos de almeja y sella ligeramente, mezcla en un tazón la lechuga escarola, la lechuga sangría, mango y papaya. Al final pon los callos ya sellados.

Mezcla en un tazón el aceite de oliva, vinagre balsámico y café, tira encima de la ensalada justo antes de servir.

Valor Nutrimental	
E (K/cal)	424
HC (g)	14
Pt (g)	19
LT (g)	32
Col (mg)	39
Fb (g)	2
Na (mg)	389
Ca (mg)	23

COATEPEC

Después de dormir como rey en Xalapa, manejamos 20 minutos hasta Coatepec, por cuya calle principal entró el ejército de Emiliano Zapata a principios del siglo pasado y ahora nosotros, claro, sin ejército. Coatepec se ha caracterizado por su arquitectura colonial, hermosos mercados, calles adoquinadas, y sobre todo por la elaboración del mejor café de altura y el tradicional pan de leña. Llegamos a la bella ciudad y caminamos varias cuadras hasta dar con la alameda, donde escogimos un modesto restaurante para entrarle a un suculento y terso arroz a la tumbada. De ahí nos movimos al café de Avelino, el más famoso catador de café de la región, quien nos sirvió un café expresso acompañado de la mejor plática y seguido de su respectivo pan como sólo aquí lo saben hacer.

ARROZ A LA TUMBADA

Rendimiento:
8 porciones

Tiempo de preparación:
40 minutos

Ingredientes:

- 2 tazas de camarones enteros
- 2 dientes de ajo pelados
- 1 hoja de laurel
- 1 cebolla
- 4 jitomates pelados
- 2 clavos
- Un toque de pimienta
- 2 ramitas de hierbabuena
- 1 cucharadita de orégano
- 4 ramitas de cilantro
- 5 cucharadas de aceite
- 2 tazas de arroz
- 2 chiles verdes serranos en rajas
- Un toque de Sal La Fina®

Procedimiento:

Pela los camarones y cuece las cáscaras y las cabezas en 9 tazas de agua con los dientes de ajo, con una cucharadita de Sal La Fina®, una hoja de laurel y media cebolla, deja al fuego 10 minutos. Mezcla en tu licuadora el jitomate, clavo, pimienta, hierbabuena, orégano, cilantro y la media cebolla, fríe la mezcla en aceite bien caliente y agrega el arroz.

Agrega al arroz el caldo de camarón bien caliente; revuelve de vez en cuando el arroz para que no se pegue, debe quedar caldoso, si se seca demasiado añade un poco de agua hirviendo. Cuando el arroz esté casi cocido agrega los camarones y los chiles verdes, mezcla todo muy bien, tapa y deja 2 minutos al fuego.

Valor Nutrimental

E (K/cal)	210
HC (g)	22
Pt (g)	9
LT (g)	9
Col (mg)	49
Fb (g)	1
Na (mg)	346
Ca (mg)	38

Por eso, cada vez que quiero recordar a Coatepec y estoy en mi casa, me consiento preparándome un clásico de Oropeza: Affogato de café con helado de vainilla.

AFFOGATO DE CAFÉ

Rendimiento:
4 porciones

Tiempo de preparación:
10 minutos

Ingredientes:

3 tazas de café express
4 bolas de helado de vainilla
4 galletas de nuez
½ taza de hojas de menta

Procedimiento:

En cuatro copas tira un poco de café, que las cuatro queden con la misma cantidad. Pon a cada una, una bola de helado de vainilla.

Trocea las galletas y tira encima de cada bola de helado.

Decora con hojas de menta.

Valor Nutrimental	
E (K/cal)	471
HC (g)	49
Pt (g)	7
LT (g)	28
Col (mg)	0
Fb (g)	1
Na (mg)	91
Ca (mg)	130

¡Directo y sin escalas!

Morelos, Guerrero, Estado de México, Morelia y Jalisco eran los siguientes lugares que visitaría. Partiría nuevamente desde la Ciudad de México rumbo a Morelos, tomaría la autopista del Sol para llegar a Acapulco y luego a Zihuatanejo. De ahí subiría por la costa hasta Colima, seguiría hasta Guadalajara para después regresar por Morelia y el Estado de México. Un recorrido ambicioso que necesitaría de gasolina, mucha música viajera y decenas de recetas. *Hit the road Jack!*

687-UED
Jeep
687-UED

MORELOS

El estado de Morelos está muy cerca de la capital del país, así que en menos de una hora estarás disfrutando de las bellezas naturales de la zona. Me subí a mi Jeep y seleccioné mi *playlist* de favoritas, le di volumen a la música, y le quité el toldo a mi Jeep. ¡Qué belleza! Música, paisajes y lo que viene... muchos platillos, completarían el plan de viaje perfecto. El clima: tropical, con áreas boscosas, cadenas montañosas y valles que forman paisajes ideales para tomar una fotografía inolvidable, entre los cuales corren manantiales que

UBICACIÓN

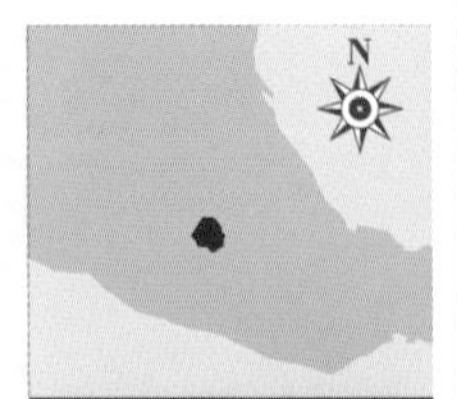

Morelos

Tiempo aprox. de viaje D.F.-Morelos -60 min.

Superficie: 4,958 km²
Habitantes: 1,612,899

Altitud: 5,500 msnm
(Volcán Popocatépetl)

Coordenadas
Latitud 18º22' - 19º07' N
Longitud 98º37' - 99º30' O

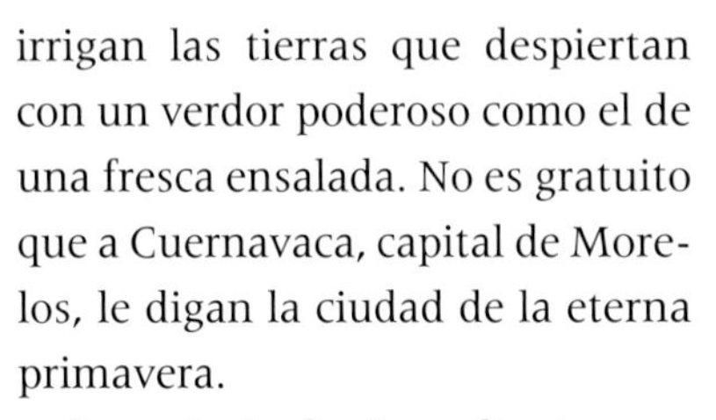

irrigan las tierras que despiertan con un verdor poderoso como el de una fresca ensalada. No es gratuito que a Cuernavaca, capital de Morelos, le digan la ciudad de la eterna primavera.

Los principales ingredientes que se cultivan en la zona son maíz, frijol, arroz, cebolla, jitomate y calabaza. También en las partes de mayor altura cosechan papa, avena, haba y algunas frutas como peras, manzanas y duraznos. Y si te gustan las flores, pues caíste en blandito porque la floricultura se

ha convertido en una especialidad de los morelenses.

En Morelos puedes visitar el Parque Nacional Lagunas de Zempoala, donde podrás bucear, caminar en el bosque, hacer un poco de bicicleta de montaña, o si te gustan más las emociones fuertes, en el río Amacuzac hay rápidos para aventarte un muy buen *rafting*.

4 VIENTOS, 3 RECETAS

Salimos temprano, y después de pasar Cuernavaca, seguimos rumbo a la "Fonda 4 Vientos", lugar donde tenía planeado disfrutar de uno de los mejores desayunos que se sirven en la zona. De servicio amable, muy limpia y con atención rápida, en este restaurante de carretera podrás sentarte a comer la mejor cecina traída directamente de Yecapixtla, un pueblo cuya carne curtida con sal ha adquirido fama nacional. Con el hambre necesaria que te da el ayuno, pedimos tremendas órdenes de jugosa, suave y vigorosa cecina, un buen plato de cremoso y aromático requesón con epazote, además de unos intensos y estimulantes chiles rellenos de queso, todo acompañado con tortillas recién hechas y a las que acompañé de unas provocativas láminas de aguacate. ¡Bendito!

CECINA

Rendimiento: 4 porciones

Tiempo de preparación: 20 minutos

Ingredientes:

- 1 diente de ajo
- ¼ de cebolla
- ¼ de taza de hojas de cilantro
- ½ aguacate maduro
- Un toque de Sal La Fina®
- Un toque de pimienta
- 1 pieza de limón
- 2 cucharadas de aceite
- 4 cucharadas de frijoles negros refritos
- 4 piezas de cecina
- Tortillas hechas a mano

Procedimiento:

En tu licuadora mezcla el diente de ajo, cebolla, hojas de cilantro y aguacates, tira un poco de Sal La Fina® y pimienta, pon en un tazón con unas gotas de limón, esto para que no se oxide y cambie a un color negro.

Calienta los frijoles.

En un sartén bien caliente pon la cecina y corta en tiras, sirve en un platón junto con guacamole, frijoles y requesón.

Acompáñalo de tortillas hechas a mano.

Valor Nutrimental

E (K/cal)	580
HC (g)	32
Pt (g)	50
LT (g)	28
Col (mg)	86
Fb (g)	1
Na (mg)	1532
Ca (mg)	177

REQUESÓN CON EPAZOTE

Rendimiento: 4 porciones

Tiempo de preparación: 10 minutos

Ingredientes:

- ¼ de cebolla
- 1 diente de ajo
- 6 hojas de epazote
- 1 chile verde
- 1 taza de requesón
- Tortillas hechas a mano

Procedimiento:

Pica finamente la cebolla, el ajo y las hojas de epazote.

Los chiles verdes córtalos en rodajas muy delgadas.

Coloca todo en un tazón grande junto con el requesón y con una pala de madera mezcla perfectamente.

Acompaña de tortillas hechas a mano.

Forma 12 bolitas de requesón.

Valor Nutrimental

E (K/cal)	36
HC (g)	3
Pt (g)	3
LT (g)	2
Col (mg)	5
Fb (g)	0
Na (mg)	94
Ca (mg)	26

CHILES RELLENOS DE QUESO

Rendimiento:
4 porciones

Tiempo de preparación:
30 minutos

Ingredientes:

- 4 piezas de chile poblano
- 2 tazas de bastones de queso panela Lala®
- 2 piezas de huevo
- Aceite
- 1 diente de ajo
- Harina
- ¼ de cebolla
- 4 piezas de jitomate
- 1 cucharada de consomé de pollo en polvo
- 1 taza de agua
- Un toque de Sal La Fina® y pimienta

Procedimiento:

A fuego directo pon cada chile con ayuda de pinzas, pasa por todos lados y reserva en una bolsa de plástico, deja unos 5 minutos y ponlos directo al chorro de agua para retirar la piel.

Limpia bien cada chile por dentro y coloca queso panela Lala® dentro; cierra bien y reserva.

En un tazón coloca las claras y en otro las yemas, bate las claras perfectamente y agrega las yemas, bate un poco y pasa cada chile, que se cubra muy bien, fríe en aceite bien caliente y ponlos en papel absorbente.

En un comal pon a asar el ajo, cebolla y el jitomate, ya que estén bien asados, mezcla en tu licuadora junto con el consomé de pollo en polvo y agua.

Pon una olla con un toque de aceite y tira la salsa que tienes en tu licuadora, deja calentar un poco y checa sabor con Sal La Fina® y pimienta.

Sirve en un plato cada chile acompañado de la salsa.

Valor Nutrimental

E (K/cal)	306
HC (g)	11
Pt (g)	26
LT (g)	118
Col (mg)	203
Fb (g)	1
Na (mg)	879
Ca (mg)	595

RECUERDOS DE TEPOZTLÁN

Morelos para mí es sinónimo de viajes con amigos. Durante mi adolescencia fueron muchas las ocasiones que mis cuates más cercanos y yo tomábamos la carretera y partíamos a pasar un fin de semana a Cocoyoc, Cuerna, o Tepoztlán. Les

grandes recuerdos de infancia y adolescencia al igual que Cuernavaca, y para brindar por aquellos hermosos recuerdos qué mejor que hacerlo con mis mejores recetas de mojito, ahí te van.

Refrescantes mojitos de mandarina, colorida jamaica, punzante chamoy y perfumada albahaca.

cuento que Tepoztlán es un lugar ubicado muy cerca de Cuernavaca, donde se eleva el cerro del Tepozteco, en cuya punta fue construido un oratorio cerca del año 1150. En este místico lugar hay numerosos servicios de *spa* con temazcales (baños de vapor prehispánicos aromatizados con hierbas), masajes, además de lectura de tarot, fotografías del aura, pero lo que siempre me lleva a T-poz son esas inolvidables quesadillas del mercado con sabor a México; mis favoritas las de frescas flores de calabaza, finos hongos, nuestro inigualable huitlacoche y muchos sabores más.

A sólo 15 minutos de T-poz está Cocoyoc un destino que me trae

MOJITO DE MANDARINA

Rendimiento:
4 porciones

Tiempo de preparación:
10 minutos

Ingredientes:

- ½ taza de hojas de hierbabuena
- ½ taza azúcar blanca
- Hielos
- 2 tazas de jugo de mandarina
- 4 onzas de ron
- Agua mineral
- 1 limón en rodajas

Procedimiento:

Tritura en mortero las hojas de hierbabuena con el azúcar.

Pon en cada vaso un poco de hielos y las hojas de hierbabuena, agrega el jugo de mandarina, ron y por último un poco de agua mineral.

En cada vaso pon rodajas de limón y hojas de hierbabuena para decorar.

Valor Nutrimental

E (K/cal)	270
HC (g)	48
Pt (g)	1
LT (g)	1
Col (mg)	0
Fb (g)	1
Na (mg)	2
Ca (mg)	64

MOJITO DE JAMAICA CON CHAMOY

Rendimiento:
4 porciones

Tiempo de preparación:
10 minutos

Ingredientes:

3 tazas de agua
2 tazas de flor de jamaica
1 taza de concentrado de chamoy
4 onzas de ron añejo
½ taza de azúcar mascabado
Hielos
2 limones (el jugo)
Agua mineral
1 limón en rodajas

Procedimiento:

Hierve el agua y agrega la jamaica. Infusiona 10 minutos y enfría.

En un mortero coloca chamoy, ron y azúcar. Mezcla un poco y tira en cada vaso junto con algunos hielos, agrega agua de jamaica y jugo de limón.

Por último sólo agrega un toque de agua mineral.

Decora con unas hojas de jamaica y un limón en rodajas.

Valor Nutrimental	
E (K/cal)	193
HC (g)	30
Pt (g)	0
LT (g)	0
Col (mg)	0
Fb (g)	0
Na (mg)	583
Ca (mg)	25

MOJITO DE ALBAHACA

Rendimiento:
4 porciones

Tiempo de preparación:
15 minutos

Ingredientes:

2 tazas de hojas de albahaca
½ taza azúcar blanca
Hielos
3 limones amarillos (el jugo)
4 onzas de ron
Agua mineral
1 limón en rodajas

Procedimiento:

Tritura en mortero las hojas de albahaca con el azúcar, pon en cada vaso un poco de hielos y las hojas de albahaca, agrega el jugo de limón, ron y por último un poco de agua mineral.

En cada vaso pon rodajas de limón y hojas de albahaca para decorar.

Valor Nutrimental	
E (K/cal)	379
HC (g)	60
Pt (g)	9
LT (g)	8
Col (mg)	0
Fb (g)	8
Na (mg)	35
Ca (mg)	345

POSTRE EN HOMENAJE

Y como en Morelos la producción de caña de azúcar es uno de sus productos principales además de ser base de la economía de numerosas familias de campesinos, les comparto esta receta en homenaje a todos aquellos que trabajan para que podamos preparar platillos inolvidables.

POSTRE DE AZÚCAR, NUECES, PIÑONES Y ALMENDRAS GARAPIÑADAS

Rendimiento:
4 porciones

Tiempo de preparación:
20 minutos

Ingredientes:

- 1 taza de azúcar
- ½ taza de agua
- 1 taza de nueces
- ½ taza de piñones
- ½ taza de almendras peladas

Procedimiento:

Pon a calentar en una olla el azúcar con el agua, hasta formar un caramelo.

Tira poco a poco las nueces, los piñones y las almendras, deja que se envuelvan perfectamente, deja enfriar un poco y ponlas en papel encerado.

Sirve en un cucurucho de papel.

Valor Nutrimental

E (K/cal)	1067
HC (g)	80
Pt (g)	21
LT (g)	74
Col (mg)	0
Fb (g)	5
Na (mg)	4
Ca (mg)	63

Guerrero

Dejamos atrás Morelos y entramos a Guerrero. Estado montañoso, atravesado por la Sierra Madre del Sur y muchos terrenos irregulares. La carretera tiene bastantes curvas, subidas y bajadas, además de varios puentes de gran tamaño que hacen tu experiencia de manejo muy divertida. Les cuento que Guerrero es uno de los estados con más ríos en todo el país, entre ellos el Balsas, quizá uno de los tres más importantes afluentes.

Sin embargo, eso no es todo. Si vienes a Guerrero por la carretera tienes una parada obligada

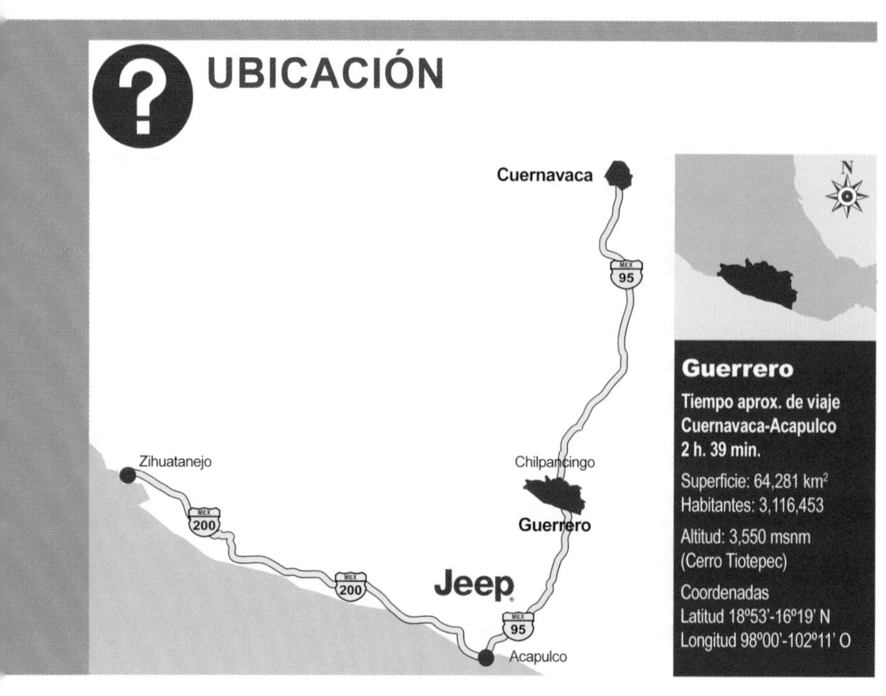

que debes hacer y que está a tan sólo 50 minutos de Cuernavaca. Al norte del estado existe un pueblo mágico cuyos artesanos le han dado el brillo internacional que le caracteriza, de la misma manera que lo hacen con sus elegantes joyas hechas con plata y sí, me refiero a Taxco.

Calles empedradas, casas de paredes blancas con tejas rojas y sus edificios coloniales alrededor de la imponente Catedral de Santa Prisca (obra arquitectónica del barroco mexicano).

En Taxco, la orfebrería se cocina con la inigualable plata mexicana en forma de: aretes, collares, esclavas, dijes, platones y una variedad de artesanías que en otros lugares resultarían incomprables, pero que aquí puedes adquirirlas a precios muy razonables.

ACAPULCO

Después de esta "brillante" parada, seguimos nuestro camino a la bahía de Acapulco. 277 kilómetros nos separaban de ella, pero fue tan tranquilo el viaje por la Autopista del Sol que cuando menos me lo imaginé ya habíamos llegado.

Acapulco es, sin duda, uno de los destinos turísticos internacionales de mayor prestigio. Anualmente, cientos de miles de visitantes de todo el mundo viajan a este hermoso puerto a disfrutar de sus playas,

diversión nocturna y platillos típicos. Aquí hay de todo, porque ACA se divide básicamente en tres: Acapulco Tradicional, Acapulco Dorado y Acapulco Diamante.

Afortunadamente llegamos al puerto en jueves, y digo afortunadamente porque los jueves en Acapulco Guerrero son ¡jueves pozoleros! Y es que imagínense esto... ¿Cómo les caería un tradicional, colorido y sustancioso pozole verde, lleno de granos de maíz inflados, jugosos trozos de carne de cerdo, picosos rabanitos, el toque aromático del orégano y el sabor refrescante de la lechuga? Y, si no te encanta la carne de cerdo, ¿que tal una combinación similar de ingredientes pero en un pozole del mar, lleno de suaves y estimulantes mariscos? Pues bueno, ahí te va la receta.

POZOLE DE MARISCOS

Ingredientes:

- 1 taza de maíz pozolero precocido
- ½ cebolla blanca
- 1 diente de ajo
- 3 tazas de agua
- 2 chiles guajillo remojados y desvenados
- 1 cucharada de aceite
- 4 tazas de caldo de pescado
- 1 taza de pescado blanco del nilo en tiras
- 1 taza de camarones medianos pelados y desvenados
- ½ taza de pulpos limpios y rebanados
- 1 taza de almejas limpias con todo y concha
- 10 piezas de mejillones limpios
- Un toque de Sal La Fina®
- 3 piezas de rábano en rodajas
- ½ cebolla blanca picada finamente

Rendimiento: 4 porciones

Tiempo de preparación: 30 minutos

Procedimiento:

Cocina en agua el maíz pozolero 10 minutos y resérvalo.

Licua la cebolla, el ajo y el chile con un poco de agua en la que remojaste los chiles y fríe en una olla con aceite.

Agrega a la olla el maíz cocido junto con un poco de agua donde lo cocinaste, el caldo de pescado, el pescado en tiritas, el camarón, el pulpo, las almejas y los mejillones; agrega un toque de Sal La Fina®.

Deja hervir durante 10 minutos y rectifica su sabor.

Sirve este rico pozole acompañado de rábano, cebolla, lechuga, orégano y chile piquín.

Valor Nutrimental

E (K/cal)	223
HC (g)	10
Pt (g)	31
LT (g)	5
Col (mg)	112
Fb (g)	1
Na (mg)	518
Ca (mg)	86

La Fina
Sal Refinada
Contenido Neto 250 g

ENSALADA DE POZOLE CON VINAGRETA DE ORÉGANO Y CHILE PIQUÍN

Rendimiento:
4 porciones

Tiempo de preparación:
30 minutos

Ingredientes:

Para la vinagreta:

- ½ taza de vinagre
- ¼ taza de jugo de limón
- 2 cucharadas de orégano seco
- 1 cucharada de chile piquín
- ½ taza de aceite de oliva
- Un toque de Sal La Fina®

Para la ensalada:

- 1 tazón de lechugas mixtas (escarola, sangría, francesa)
- 4 tazas de maíz pozolero cocido
- 1 pechuga de pollo cocida y deshebrada
- 3 rábanos en rodajas
- ½ cebolla morada en rodajas
- 1 cucharada de aceite de oliva
- Un toque de Sal La Fina® y pimienta

Procedimiento:

Para hacer la vinagreta mezcla en tu licuadora el vinagre, el limón, orégano y chile piquín, agrega poco a poco el aceite para incorporarlo, tira un toque de Sal La Fina®.

Mezcla en un tazón las lechugas junto con el maíz y el pollo deshebrado, agrega los rábanos y la cebolla en rodajas, rectifica su sabor con Sal La Fina® y pimienta, tírale la vinagreta e integra levemente.

Valor Nutrimental

E (K/cal)	458
HC (g)	150
Pt (g)	43
LT (g)	85
Col (mg)	59
Fb (g)	9
Na (mg)	723
Ca (mg)	70

PASTA CON FRUTOS DEL MAR

Rendimiento:
4 porciones

Tiempo de preparación:
20 minutos

Ingredientes:

- 1 cucharada de aceite de oliva
- 1 taza de cebolla blanca finamente picada
- 2 dientes de ajo picados
- 2 tazas de jitomates pelados y picados
- 1 taza de vino blanco
- 2 tazas de calamares limpios, en rodajas
- 2 tazas de camarón mediano, pelado y desvenado
- 3 tazas de almejas limpias
- 2 tazas de pulpos limpios y cortados en rebanadas
- Un toque de Sal La Fina®
- Un toque de pimienta
- 1 pieza de baguette cortada en diagonal
- 2 dientes de ajo
- Aceite de oliva
- 1 paquete de spaghetti cocido
- 4 cucharadas de perejil picado

Procedimiento:

En un sartén calienta el aceite de oliva y fríe la cebolla, el ajo y el perejil, agrega los jitomates y el vino blanco.

Agrega los mariscos a la salsa, tira un toque de Sal La Fina® y pimienta. Cocina 10 minutos.

Para el pan de ajo sólo hornea las rebanadas de pan o pásalas por un comal hasta que doren con un toque de aceite de oliva, cuando estén doradas ralla con ajo cada rebanada.

Sirve la pasta y encima los mariscos con la salsa, tira un poco de perejil y acompaña con el pan de ajo.

Valor Nutrimental

E (K/cal)	194
HC (g)	14
Pt (g)	2
LT (g)	14
Col (mg)	43
Fb (g)	1
Na (mg)	517
Ca (mg)	51

¿CONOCES?, CONOZCO...

Hay un lugar cuyo acantilado se ha convertido en el escenario de un espectáculo único en el mundo, donde valientes clavadistas se dan cita al caer el sol para ofrecer un espectáculo gratuito para el deleite de todos los turistas: el temible salto de La Quebrada. Desde 1934, en este pequeño precipicio de 45 metros de altura, jóvenes porteños escalan las rocas para ubicarse en una saliente y arrojarse al vacío. El peligro consiste no sólo en impulsarse lo suficiente para alejarse de las filosas rocas, sino en calcular adecuadamente que el nivel de la marea sea el más alto pues de lo contrario sería una muerte segura por el impacto contra las rocas del fondo. Por eso, para decir conozco hay que disfrutar del show con una deliciosa y refrescante nieve de coco y unos tradicionales tamarindos de Acapulco.

BARRA VIEJA

Si ya estás en Acapulco y recorriste la costera de arriba abajo –como yo en mi Jeep–, y quieres cambiar un poco de vista, puedes manejar un poco a Barra Vieja. Allá podrás disfrutar de una comida inolvidable en cualquiera de sus restaurantes tradicionales, además de un mar apacible ideal para que disfruten los niños pequeños. Pero si ya hiciste el viaje hasta acá, no puedes perderte la especialidad de la zona, el mejor pescado a la talla. ¿Cómo es? Imagínate un pescado abierto estilo mariposa, cubierto de sal para fijar su sabor, asado a las brasas para que absorba el sabor ahumado del carbón y maderas, bañado con una intensa y penetrante salsa verde, cilantro, chile verde, cebolla tomate verde. ¿Se te antoja?

PESCADO Y PULPO A LA TALLA

Rendimiento:
4 porciones

Tiempo de preparación:
30 minutos

Ingredientes:

Salsa Roja:

- 5 chiles guajillo asados y desvenados
- ½ cebolla blanca
- 2 dientes de ajo
- 1 taza de agua
- 1 cucharada de Sal La Fina®
- 1 cucharada de aceite

Salsa Verde:

- 8 piezas de tomate verde
- 2 dientes de ajo
- ½ cebolla
- 4 piezas de chile verde
- ¼ taza de cilantro
- ½ taza de agua
- Un toque de Sal La Fina® y pimienta
- 4 lonjas con piel de huachinango limpio
- 4 piezas de pulpo baby precocido
- 2 cucharadas de mantequilla Lala®

Procedimiento:

Para hacer la salsa roja pon en tu licuadora los chiles, la cebolla y los dientes de ajo junto con media taza de agua y agrega un toque de Sal La Fina®. Calienta un sartén con aceite y agrega la salsa, deja freír unos minutos. Reserva.

Para hacer la salsa verde pon en un comal el tomate, el ajo, la cebolla y los chiles; ya que se hayan quemado un poco licua con un poco de agua y dale sabor con un toque de Sal La Fina® y pimienta. Reserva.

Espolvorea el pescado y el pulpo con Sal La Fina® y pimienta. Pon el pescado en tu parrilla bien caliente con poco aceite, colocando la parte de la carne directo al fuego, luego voltéalo para asar también la piel. Unta con mantequilla Lala® y vuelve a asar unos minutos.

Coloca el pescado entero en un platón con la piel hacia abajo, tira por un lado la salsa roja y por otro la salsa verde.

Valor Nutrimental

E (K/cal)	467
HC (g)	9
Pt (g)	85
LT (g)	11
Col (mg)	30
Fb (g)	1
Na (mg)	713
Ca (mg)	230

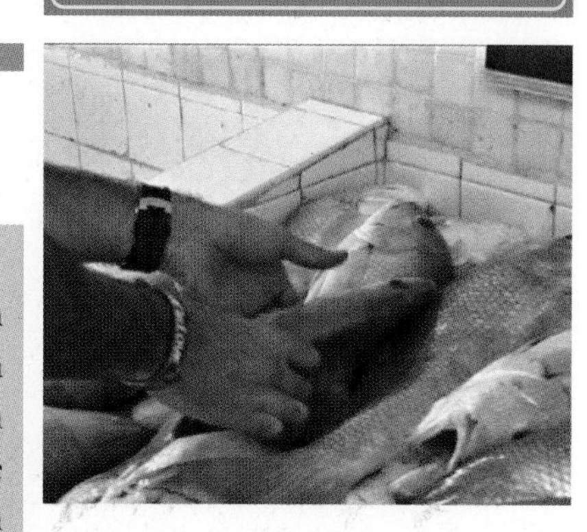

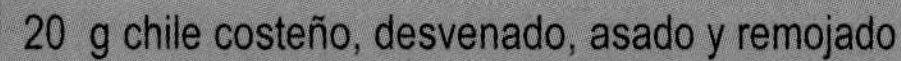

CHILEAJO COSTEÑO

Otro platillo que es un clásico de la zona es el chileajo costeño, que no es otra cosa que la combinación exacta de chile costeño, chile guajillo, puya y chile ancho, cada uno ofreciendo su aportación de sabor. Se mezclan en perfecto equilibrio con un toque de perfumado vinagre de manzana y la profunda personalidad del ajo; creando una base que puede combinar perfectamente en la sartén con camarones, pulpos, langosta o cualquier producto del mar.

Ingredientes:

- 20 g chile costeño, desvenado, asado y remojado
- 40 g chile guajillo, desvenado, asado y remojado
- 40 g chile puya, desvenado, asado y remojado
- 20 g chile ancho, desvenados, asado y remojado
- ½ k jitomate maduro
- 2 cucharadas vinagre de piña o manzana
- 3 dientes ajo
- 4 clavos de olor
- ½ cebolla
- ½ cucharadita pimientas negras, asadas
- 3 cucharadas aceite maíz
- Sal de mar al gusto

Valor Nutrimental

E (K/cal)	104
HC (g)	12
Pt (g)	2
LT (g)	5
Col (mg)	0
Fb (g)	2
Na (mg)	495
Ca (mg)	30

Rendimiento:
6 tazas

Tiempo de preparación:
20 minutos

Nota: este chileajo se puede hacer con camarones, langostinos o langostas frescos, que se agregarán al final cuando ya la salsa esté cocida, a que hiervan unos minutos sólo hasta que se cuezan. Servir acompañado de arroz blanco.

Procedimiento:

Moler y colar los chiles, volver a poner en la licuadora y moler con jitomate, ajo, cebolla, clavo y pimienta hasta obtener una mezcla tersa.

En un sartén mediano con el aceite, guisar la mezcla de chiles y especias hasta que empiece a secar, agregar el vinagre, sazonar con sal y seguir cocinando hasta que tome sabor. Rectificar la sazón.

Cortesía chef Margarita Carrillo de Salinas

Pero si por el contrario estás buscando un sabor más refrescante, quiero compartirte el sabor sin igual de un encendido gazpacho con el toque ahumado del chipotle mexicano.

GAZPACHO AL CHIPOTLE

Rendimiento:
4 porciones

Tiempo de preparación:
30 minutos

Ingredientes:

- 4 jitomates cortados en cubos
- 1 taza de puré de tomate
- 2 dientes de ajo
- 1 pimiento rojo sin semilla
- ½ cebolla morada
- Jugo de 1 limón
- 1 cucharada de chipotle en adobo
- ¼ taza de cilantro picado
- ¼ taza de vinagre
- Un toque de Sal La Fina®
- Un toque de pimienta
- 1 aguacate en cubos
- 4 tortillas de maíz en tiras finas

Procedimiento:

Licua los jitomates, el puré de tomate, los ajos, el pimiento, la cebolla, el jugo de limón, el chipotle, el cilantro y el vinagre hasta que la mezcla esté bien licuada; tírale un toque de Sal La Fina® y pimienta. Mete el gazpacho a tu refrigerador para que a la hora de servir esté bien frío.

Sírvelo con aguacate y tiritas de tortilla doradas en el horno.

Valor Nutrimental

E (K/cal)	239
HC (g)	30
Pt (g)	5
LT (g)	11
Col (mg)	0
Fb (g)	4
Na (mg)	778
Ca (mg)	100

RECUERDOS DE ZIHUATANEJO

El estado de Guerrero está lleno de lugares paradisíacos donde detenerse a disfrutar de los mejores paisajes marinos. El Océano Pacífico, con su poderoso

oleaje llena de espuma las hermosas costas guerrerenses desde donde nace una cadena montañosa que acoge lo que en su momento fue una comunidad de pescadores y hoy es un increíble destino turístico: Zihuatanejo. Ubicación: 17.633NE, 101.550SE, a 3 horas en carretera desde Acapulco.

En este exclusivo lugar, la marina puede recibir hasta 600 embarcaciones, lujosos yates, bordeados por condominios de lujo y además un corredor gastronómico sumamente interesante, que de hecho por las noches se llena del color de las sonrisas de parejas consolidadas, del brillo de los ojos de los recién casados, todo esto salpicado por los hipnotizantes aromas de los platillos con productos del mar preparados al momento.

Por la mañana puedes disfrutar de las playas de La Ropa y/o Playa Linda, con muy suave oleaje que las hace perfectas para toda la familia, o puedes practicar deportes acuáticos como *windsurf*, esquí, e incluso bucear en los preciosos arrecifes del lugar. Yo siempre que estoy aquí, en Ixtapa, Zihuatanejo, dedico un día para la pesca y otro para el golf.

Zihuatanejo trae para mí recuerdos de la infancia, viajes familiares llenos de platillos que los Oropeza hemos atesorado por años. Ahí mis amigos y yo saboreábamos la inolvidable pasta con frutos del mar de mi abuela, llena de colores y texturas que, además, era muy divertida para comer. Y para la botana mi papá es el doctor especialista en la tártara de atún, acompañada de crujientes panes de ajo o galletas saladas, soñando con el postre que nos esperaba: una dulce y cremosa crème brûlée de vainilla. Recordando aquel postre, ahora les dejo mi versión del Trío de Crème Brûlée: de coco, mango y vainilla.

TÁRTARA DE ATÚN

Rendimiento:
4 porciones

Tiempo de preparación:
20 minutos

Valor Nutrimental

E (K/cal)	239
HC (g)	6
Pt (g)	11
LT (g)	18
Col (mg)	3
Fb (g)	2
Na (mg)	309
Ca (mg)	32

Ingredientes:

1 cucharada de aceite de oliva
1 cucharadita de echalote picado
½ cucharadita de mostaza dijon
½ pieza de chile serrano picado
3 tazas de atún fresco picado en cubitos
Un toque de Sal La Fina®
Un toque de pimienta

Para decorar:

1 tazón de lechugas mixtas
1 aguacate
1 cucharada de aceite de oliva
2 cucharadas de ajonjolí tostado

Procedimiento:

Coloca el aceite de oliva con el echalote y la mostaza dijon en un tazón, mézclalos muy bien, incorpora el chile serrano picado, atún en cubos, Sal La Fina® y pimienta, mezcla ligeramente todos los ingredientes. Reserva.

Para montar el plato coloca un aro y rellénalo con la mezcla del atún, coloca la mezcla de lechugas encima del aro, haz perlas de aguacate y colócalas en el plato; por último agrega un poco de aceite de oliva y ajonjolí.

CRÈME BRÛLÉE DE COCO

Ingredientes:

7 cucharadas de azúcar blanca
7 yemas
1 taza de leche Lala®
2 tazas de crema de coco
Azúcar blanca para quemar

Rendimiento:
4 porciones

Tiempo de preparación:
30 minutos

Procedimiento:

Mezcla en un tazón el azúcar y las yemas.

En una olla calienta la leche Lala® y la crema de coco hasta que hierva, mezcla poco a poco con las yemas, batiendo constantemente para que las yemas no se cocinen.

Pon la mezcla en moldes individuales y hornéalos a baño maría a 150 °C durante 20 minutos. Retíralos del horno y déjalos enfriar para servirlos bien fríos, puedes agregarle un toque de coco rallado.

A la hora de servirlos espolvoréalos con azúcar y con ayuda de un soplete quémala hasta que adquiera un color dorado y una textura crujiente.

Valor Nutrimental

E (K/cal)	701
HC (g)	113
Pt (g)	11
LT (g)	23
Col (mg)	846
Fb (g)	0
Na (mg)	69
Ca (mg)	156

CRÈME BRÛLÉE DE MANGO

Rendimiento:
4 porciones

Tiempo de preparación:
30 minutos

Ingredientes:

- 7 cucharadas de azúcar blanca
- 7 yemas
- 1 taza de leche Lala®
- 2 tazas de pulpa de mango
- 2 cucharadas de esencia de vainilla
- Azúcar blanca para quemar

Procedimiento:

Mezcla en un tazón el azúcar y las yemas.

En una olla calienta la leche Lala® y la pulpa de mango hasta que hierva, mezcla poco a poco con las yemas batiendo constantemente para que las yemas no se cocinen.

Pon la mezcla en moldes individuales y hornéalos a baño maría a 150 °C durante 20 minutos. Retíralos del horno y déjalos enfriar para servirlos bien fríos.

Espolvoréalos con azúcar y quémala con un soplete. Puedes agregarle a un lado unas rebanadas de mango para decorar.

Valor Nutrimental

E (K/cal)	519
HC (g)	76
Pt (g)	11
LT (g)	19
Col (mg)	846
Fb (g)	1
Na (mg)	59
Ca (mg)	169

CRÈME BRÛLÉE DE VAINILLA

Rendimiento:
4 porciones

Tiempo de preparación:
30 minutos

Ingredientes:

- 7 cucharadas de azúcar blanca
- 7 yemas
- 1 taza de leche Lala®
- 2 tazas de crema Lala®
- 4 cucharadas de esencia de vainilla
- Azúcar blanca para quemar

Procedimiento:

Mezcla en un tazón el azúcar y las yemas.

En una olla calienta la leche Lala® y la crema Lala® hasta que hierva, mezcla poco a poco con las yemas batiendo constantemente para que las yemas no se cocinen.

Pon la mezcla en moldes individuales y hornéalos a baño maría a 150 °C durante 20 minutos. Retíralos del horno y déjalos enfriar para servirlos bien fríos.

A la hora de servirlos espolvoréalos con azúcar y quémala con un soplete.

Valor Nutrimental

E (K/cal)	884
HC (g)	62
Pt (g)	13
LT (g)	65
Col (mg)	846
Fb (g)	0
Na (mg)	104
Ca (mg)	237

Sin duda, Ixtapa Zihuatanejo me llena de recuerdos con sabor, casi todos dulces como la crème brûlée de vainilla. *Dig in!*

COLIMA

Desde Zihuatanejo seguimos costeando el Pacífico mexicano, y cruzamos el estado de Michoacán. ¡Tranquilos!, que Morelia la visitaremos de regreso; así que llegamos hasta uno de los estados más pequeños del país, Colima, "Ciudad de las palmeras", esta pequeña y hermosa localidad fundada en 1525 en medio de majestuosos paisajes y volcanes nevados.

Y aunque no ocupe mucho territorio, la ciudad de Colima cuenta con numerosos atractivos para que los visitantes ocupen todas las horas del día

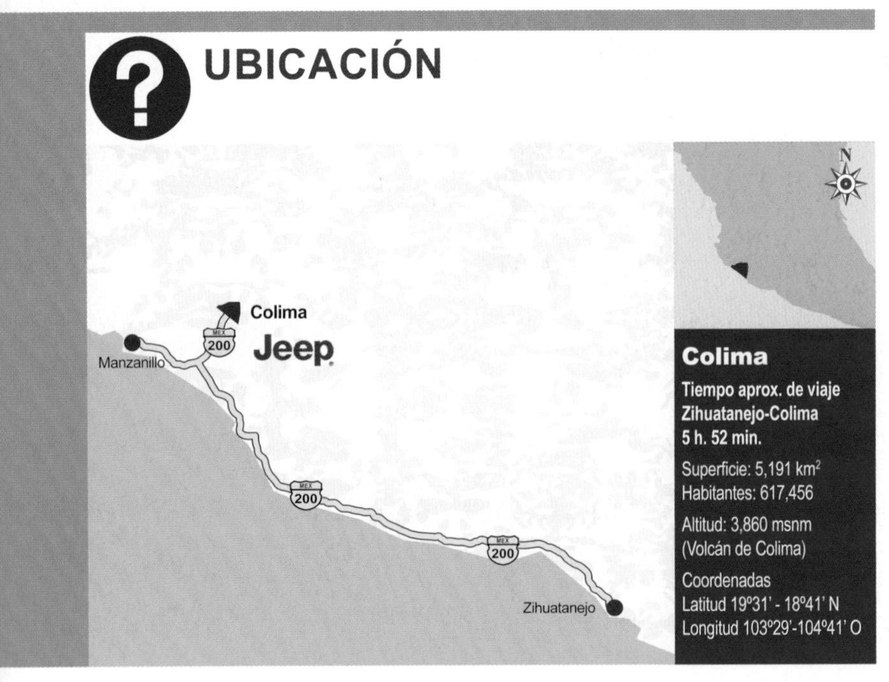

descubriendo los detalles de la impresionante catedral neoclásica, que sin duda les robará un suspiro con sus trazos dorados y majestuosidad; la elegancia del Teatro Hidalgo es sin lugar a dudas un recinto que no pueden perderse si quieren disfrutar de un espectáculo cómodamente sentados en uno de sus numerosos balcones que rodean en círculo el escenario; o si quizá estás buscando construcciones un poco más antiguas al siglo XIX, el Templo de San Francisco, fundado en 1554, es tu mejor opción.

Los terrenos de la región colimense son perfectos para el cultivo de papaya, tamarindo, melón, sandía roja y amarilla, plátano, mango tropical y coco, que crece tanto, que Gracia Santos, una graciosa colimense de ojos grandes, nos dijo que si levantábamos una piedra, seguro abajo habría una palmera de coco. Gracia también nos contó que los limones cosechados en Colima están considerados los mejores del mundo y que son exportados a todos lados. Si visitas esta hermosa ciudad podrás ver que en sus calles crecen libremente naranjos y toronjas, tan frondosos que seguramente te pasará como a nosotros e irás a un buen restaurante a disfrutar de una refrescante agua de cualquiera de sus famosos cítricos; yo sin complicaciones me incliné por la de limón, hecha con ¡el mejor limón del mundo!

DIENTE COLIMENSE

Ver las naranjas crecer en la calle nos llevó al restaurante, el restaurante al agua y el agua a probar una afamada bebida de la región elaborada a base de maíz fermentado que, según nos explicó Margarita, nuestra mesera, era una especie de atole frío que se toma comúnmente en todo el estado. ¿Su nombre? Tejuino.

TEJUINO

Rendimiento:
4 porciones

Tiempo de preparación:
10 minutos

Ingredientes:

- 4 tazas de masa de maíz
- 1 pieza de piloncillo
- 8 tazas de agua
- 2 limones (el jugo)
- 1 cucharadita de Sal La Fina®

Valor Nutrimental

E (K/cal)	587
HC (g)	126
Pt (g)	9
LT (g)	6
Col (mg)	0
Fb (g)	4
Na (mg)	536
Ca (mg)	250

Procedimiento:

Deja fermentar la masa un día con el piloncillo y el agua.
Sirve en un vaso con jugo de limón y un toque de Sal La Fina®.

Seguimos la cadenita, naranjos-restaurante, restaurante-agua de limón, agua de limón-tejuino, y por supuesto, ya sentados y "entejuinados" pedimos de entrada unos suculentos sopes colimenses, elaborados con harina de maíz frita en manteca de cerdo. Imagínate una base firme y ligeramente crujiente sobre la que va una cucharada de especiado picadillo de res, decorado con una crujiente col picada finamente, colorida salsa de jitomate hecha con potente jugo de carne y cremoso queso rallado, para culminar la combinación con unos bicolores rabanitos.

SOPES COLIMENSES

Rendimiento:
18 porciones

Tiempo de preparación:
30 minutos

Ingredientes:

- 4 tazas de masa de maíz
- 1 cucharadita de Sal La Fina®
- ½ taza de agua fría
- 1 taza de frijoles refritos
- 4 hojas de lechuga romana picada
- 1 taza de queso fresco rallado

Procedimiento:

Mezcla en un tazón la masa, la Sal La Fina® y el agua, amasa bien hasta formar pequeñas tortillas como de un centímetro de grueso.

Calienta un sartén con poco aceite y fríe los sopes hasta que estén dorados, en cuanto salgan pellizca las orillas, rellénalos con frijoles, lechuga y queso, acompáñalos con una rica salsa verde.

Valor Nutrimental

E (K/cal)	729
HC (g)	117
Pt (g)	35
LT (g)	13
Col (mg)	67
Fb (g)	6
Na (mg)	774
Ca (mg)	762

Nos quedamos en el eslabón de la cadena de tejuino-sopes colimenses, pero no terminó ahí, los sopes colimenses condujeron a que degustáramos otro platillo más. Preparado con suave y jugoso espinazo de cerdo, sabroso y ardiente chile guajillo, la esencia purificadora de las hojas de laurel y el ingrediente que no puede faltar en ninguna cocina mexicana: el ajo. ¡Tatemémonos!

TATEMADO

Rendimiento:
4 porciones

Tiempo de preparación:
30 minutos

Ingredientes:

- ½ cucharada de comino
- 2 hojas de laurel
- 1 cucharada de pimienta negra
- 3 dientes de ajo
- 6 chiles pasilla remojados y desvenados
- 1 taza de vinagre
- 1 taza de agua
- 1 lomo de cerdo
- 4 cucharadas de manteca
- Un toque de Sal La Fina®

Procedimiento:

Precalienta tu horno a 200 °C.

Licua el comino, el laurel, la pimienta, el ajo y los chiles con un poco de vinagre y agua.

Corta la carne en trozos medianos, colócala en una charola para horno con manteca, tírale un toque de Sal La Fina® y cúbrela con la mezcla anterior.

Hornea a 200 °C bañando con salsa de vez en cuando aproximadamente 30 minutos o hasta que esté cocida.

Valor Nutrimental

E (K/cal)	784
HC (g)	3
Pt (g)	75
LT (g)	52
Col (mg)	246
Fb (g)	0
Na (mg)	310
Ca (mg)	32

MANZANILLO

Pero como tuvimos que alejarnos un poco de la costa para poder llegar a la capital de Colima, regresamos sobre nuestras huellas en la carretera y viajamos al segundo puerto del Pacífico mexicano, la radiante Bahía de Manzanillo. El nombre lo hereda de un árbol de fruto venenoso llamado de la misma manera, que abundaba en 1521 durante la llegada de las primeras expediciones españolas. Pero antes los pueblos nativos se referían a esta tierra como Cozcatlán, "lugar de joyas o collares", por las abundantes perlas que se hallaban.

Manzanillo está ubicado en las rutas de navegación del Oriente Norte, Centro y Sudamérica, lo mismo que de Oceanía, de ahí su importancia como puerto turístico e industrial. A este bello paraje de México se le conoce también como la "Capital mundial del Pez Vela", y todos los años durante el mes de enero se lleva a cabo un prestigioso torneo internacional de pesca deportiva de esta majestuosa especie marina.

Entonces, "honor a quien honor merece", les comparto estas recetas que son un homenaje a Colima, Manzanillo y su gente. Una apetitosa y tierna pierna de cerdo, con crujiente costra de intenso y provocativo chile morita. Además de una ingeniosa y delicada espuma de tequila a los aromas mexicanos, preparada por mi gran amiga Lupita. ¿Cómo les suena?

PIERNA DE CERDO EN CHILE MORITA

Ingredientes:

1 diente de ajo
2 cebollas
2 clavos
1 cucharadita de pimienta
Un toque de Sal La Fina®
1 pieza de pierna de cerdo mediana
5 piezas de chiles morita, desvenados y remojados en agua caliente
½ taza de vinagre
1 taza de jugo de naranja
1 taza de caldo de pollo
¼ taza de piloncillo rallado
½ taza de jerez
Un toque de orégano
Un toque de tomillo
5 hojas de laurel

Rendimiento:
8 porciones

Tiempo de preparación:
30 minutos

Valor Nutrimental

E (K/cal)	843
HC (g)	22
Pt (g)	76
LT (g)	50
Col (mg)	244
Fb (g)	1
Na (mg)	559
Ca (mg)	65

Procedimiento:

Para preparar la pierna muele en tu licuadora el ajo, la cebolla, el clavo, Sal La Fina® y pimienta, unta con esta mezcla la pierna y métela al horno unos 10 minutos.

Para hacer la salsa licua los chiles, el vinagre, el jugo de naranja, el caldo de pollo y el piloncillo rallado, tírale un toque de Sal La Fina®, baña la pierna con esta salsa, agrega jerez, orégano, tomillo, laurel y mete al horno aproximadamente 30 minutos o hasta que esté cocida, bañándola con la salsa de vez en cuando. Una vez que la pierna está lista, rebánala y sirve.

ESPUMA DE TEQUILA A LOS AROMAS MEXICANOS

Rendimiento:
12 porciones

Tiempo de preparación:
1 hora + tiempo de refrigeración

Valor Nutrimental	
E (K/cal)	364
HC (g)	30
Pt (g)	8
LT (g)	17
Col (mg)	52
Fb (g)	1
Na (mg)	78
Ca (mg)	108

Ingredientes:

- 4 claras de huevo
- 90 g azúcar
- 7 g gelatina sin sabor (1 sobre)
- $^1/_3$ taza tequila reposado
- 1¼ tazas de crema para batir
- ¼ mandarina (el jugo y la cáscara rallada)
- ¼ cáscara de mandarina, en tiras delgadas, cristalizadas para decorar
- 4 cucharadas calabaza en tacha
- c/s semillas de calabaza en tacha, para decorar
- $^1/_3$ taza puré de tuna roja, colado
- c/s tuna roja, en cubitos, para decorar
- ¼ cucharadita pimienta de Tabasco, recién molida
- 1 cucharada piñón blanco o rosa, para decorar

Procedimiento:

Bate la crema a punto de turrón. Refrigera.

Hidrata gelatina en 2 cucharadas de agua. Disuelve en microondas.

Bate las claras a punto de turrón, agrega azúcar disuelta en 1/8 de taza de agua, tequila, gelatina rehidratada. Bate la crema y agrega a la mezcla anterior en forma envolvente.

Divide en cuatro partes.

Mezcla una parte con jugo de mandarina y cáscara rallada.

Una segunda parte con la calabaza en tacha.

Una tercera parte con la pimienta de Tabasco.

Y el resto con el jugo de tuna.

Enmolda cada sabor en recipientes individuales y refrigera toda la noche.

Presenta cada sabor con su respectiva decoración.

Cortesía chef Guadalupe García de León

¡Jalisco, no te rajes que allá vamos!

JALISCO

De Manzanillo a Puerto Vallarta harás un viaje de 3 horas y media, nuestra gastronómica ruta del Pacífico, así llamamos a manera de juego al recorrido que llevamos a cabo desde Acapulco hasta Puerto Vallarta, siguiente destino del viaje. ¿Por qué subir hasta la parte más alejada de Jaslico y luego ir a Guadalajara que estaría relativamente más cerca? Muy sencillo, porque desde Vallarta comenzaríamos nuestro regreso a la ciudad. Nos alejaríamos de la costa y buscaríamos nuevos platillos en el corazón de México. Pero

UBICACIÓN

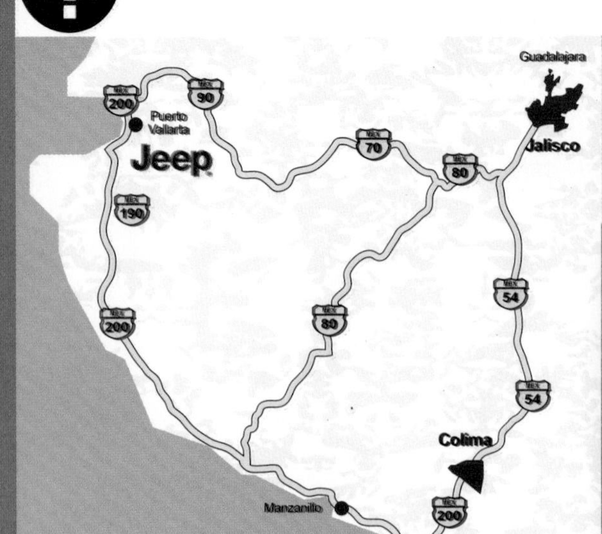

Jalisco

Tiempo aprox. de viaje Manzanillo-Puerto Vallarta 3 h. 30 min.

Superficie: 80,386 km²
Habitantes: 6,652,232

Altitud: 4,260 msnm

Coordenadas
Latitud 22°45'-18°55' N
Longitud 101°28'-105°42' O

mientras eso sucede, sigamos disfrutando de la brisa marina.

Jalisco es el corazón de la cultura mexicana, de la charrería, de los mariachis, del tequila, del famoso grito "no te rajes". Es el cuarto estado más poblado del país y muy activo económicamente. Su clima templado en la mayor parte del territorio permite el cultivo de diversos granos como maíz, sorgo, frijol, arroz, cebada y trigo. Igualmente, se puede producir alfalfa, papa, jitomate, melón, papaya, mango, aguacate, café, guayaba, sandía y limón agrio. La actividad ganadera es de gran escala también, y la elaboración de productos lácteos es sustento de parte de la población. Ahora, que si nos acercamos a la costa, que es donde estamos nosotros en este momento, puedes comer frescos huauchinangos, charal, pescado blanco, bagre, carpa, camarón o mojarra, y el favorito de Camila y Valentina: el pez perico.

Y por supuesto en materia de bebidas, llevan el estandarte en la producción de tequila en sus fastuosas haciendas que han sabido preservar el agave y su denominación de origen, netamente jalisciense, mismas que visitaremos más adelante.

PUERTO VALLARTA

Ubicado en la Bahía de Banderas, fue convertido en puerto a partir de la necesidad de embarcar la plata extraída de las minas aledañas de la zona para ser transportada a los Estados Unidos. Primero fue llamado como el rancho encargado de operar dicha marina: "Las Peñas de Santa María de Guadalupe", hasta que en 1918 cambió su nombre en homenaje al ilustre abogado jalisciense Don Ignacio Vallarta. Al estar ubicado en una región estratégica, gradualmente fue aumentando el tráfico marino hasta convertirse en el vibrante destino que conocemos hoy.

Puerto Vallarta es uno de nuestros paraísos más visitados, donde podrás disfrutar de lujosos *resorts*, restaurantes con gastronomía internacional, *spas* que te ayudarán a sacar todo el *stress* ocasionado por la vida citadina y practicar diversos deportes acuáticos o una partida de tenis o golf con tus amigos. Es por eso, que las recetas que incluimos en esta sección suenan más estilizadas, pero siguen siendo muy sencillas de hacer, saludables y con todo el sabor de nuestra cocina.

En lo personal tengo un ritual para sentir que en realidad he llegado a Puerto Vallarta, y este ritual comienza normalmente en viernes a las 9 de la noche. Después de un refrescante baño, camino por el malecón acompañado por el bullicio y las sonrisas de turistas nacionales y extranjeros, del lado izquierdo, las casas y comercios, paredes blancas, tejas rojas, empedrado... el ritual continúa con la música tranquila en el bar de la terraza del restaurante de la calle Morelos, el Restaurante de Santos, y el excelente martini de manzana, 4 cuadras más arriba luna llena y frente a mí El Café de los Artistas, inicio y fin con las burbujas del champagne, bebida originaria de Francia al igual que el chef y propietario de El Café de los Artistas, Thierry Blouet. Empecemos con una receta muy creativa, estimulante gazpacho de achiote con el toque afrutado de una crema suave de aguacate, acompañado en la presentación con un toque cosmopolita de exótico caviar. Todo servido en una martinera. Digamos que éste será un abreboca.

GAZPACHO DE ACHIOTE

Rendimiento:
4 porciones

Tiempo de preparación:
30 minutos

Ingredientes:

- 4 jitomates cortados en cubos
- 1 taza de puré de tomate
- 2 dientes de ajo
- 1 pimiento rojo sin semilla
- Jugo de un limón
- 1 cucharada de achiote
- ¼ taza de cilantro picado
- ¼ taza de vinagre
- Un toque de Sal La Fina®
- Un toque de pimienta
- ¼ de taza de cebolla morada picada
- 1 aguacate en cubos
- 4 tortillas de maíz en tiras finas

Procedimiento:

Licua los jitomates, el puré de tomate, los ajos, el pimiento, el jugo de limón, el achiote, el cilantro y el vinagre hasta que la mezcla esté bien licuada, tírale un toque de Sal La Fina® y pimienta.

Mete el gazpacho a tu refrigerador para que a la hora de servir esté bien frío.

Sirve con cebolla morada, aguacate y tiritas de tortilla doradas en el horno.

Cortesía
chef Thierry Blouet

Valor Nutrimental

E (K/cal)	297
HC (g)	32
Pt (g)	5
LT (g)	16
Col (mg)	0
Fb (g)	5
Na (mg)	778
Ca (mg)	105

Después de tan delicada entrada, pasaremos a algo un poco más fuerte. Una refrescante tártara de salmón y atún, pescados que combinan los colores de su carne para brindar un provocativo plato que, bañado de una sutil vinagreta de mole, derretirá tu paladar sin dudas.

GAZPACHO DE SALMÓN Y ATÚN

Ingredientes:

- 6 piezas de jitomate
- 1 pieza de pepino
- 1 pieza de pimiento rojo
- 1 diente de ajo
- Un toque de aceite de oliva
- Una cucharadita de vinagre
- Sal La Fina® y pimienta
- ½ taza de atún en cubos
- ½ taza de salmón en cubos
- ¼ taza de cebolla morada picada
- ½ taza de crutones

Rendimiento:
4 porciones

Tiempo de preparación:
15 minutos

Procedimiento:

Pon en la licuadora el jitomate junto con el pepino, el pimiento, el ajo, aceite de oliva y el vinagre, dale un poco de sabor con Sal La Fina® y pimienta, mezcla bien.

Sirve en un vaso hasta la mitad y agrega el atún, salmón, cebolla y crutones.

Valor Nutrimental	
E (K/cal)	257
HC (g)	9
Pt (g)	13
LT (g)	19
Col (mg)	34
Fb (g)	1
Na (mg)	651
Ca (mg)	23

Y como plato fuerte de un exclusivo menú para disfrutar en un destino sin igual, Puerto Vallarta, ahí va la receta de una jugosa y aromática pierna de pato confitada al tepache.

PIERNA DE PATO CONFITADA AL TEPACHE

Rendimiento:
4 porciones

Tiempo de preparación:
25 minutos

Ingredientes:

4 piernas de pato con piel
Un toque de Sal La Fina® y pimienta
3 manzanas rojas
2 tazas de tepache
2 ramitas de tomillo

Procedimiento:

En un sartén a fuego alto coloca las piernas de pato y deja que doren en su propia grasa, agrega las manzanas en cuartos, tira un toque de Sal La Fina® y pimienta.

Agrega el tepache y el tomillo, deja que reduzca un poco el líquido y sirve de inmediato.

Cortesía chef Thierry Blouet

Valor Nutrimental

E (K/cal)	475
HC (g)	14
Pt (g)	24
LT (g)	36
Col (mg)	105
Fb (g)	2
Na (mg)	566
Ca (mg)	32

TEQUILA DE AMATITÁN

Tequila es una población ubicada cerca de Guadalajara, nuestro destino final en el estado de Jalisco. Y aunque no es aquí donde podremos ver de cerca una hacienda tequilera sino más adelante en la tierra que dio luz al elixir del agave, Amatitán, aprovecharemos el viaje para dar una vuelta por sus calles. Cabe mencionar que el nombre de tequila es de origen náhuatl y significa "lugar de atributos" y que los tequilenses, que no es lo mismo que tequileros, son gente muy devota; tanto que conservan ciertas tradiciones que para los visitantes resultan sorprendentes.

Todos los días, en punto de las 9 de la noche, el sacerdote del templo principal da la bendición a los habitantes tocando tres campanadas, y en ese instante todos hacen a un lado sus actividades, se ponen de pie si están sentados, se detienen si están caminando y voltean en dirección a la iglesia para poder recibir de frente dicha bendición. También,

cada año antes de la temporada de lluvia encomiendan sus cosechas al Creador, colocando santos o imágenes religiosas en los campos y sacando en una peregrinación a las orillas de la población al Señor de los Rayos, al que piden que llueva sin tempestades para que sus cosechas sean abundantes y provechosas.

A 20 km de esta religiosa población está ubicada la Hacienda San José del Refugio, en mero Amatitán, vientre del tequila que alegra el espíritu de los mexicanos, y tras cuyos muros trabaja la Casa Herradura fundada en 1870. Es ahí en donde aprendimos todos los pasos necesarios para la producción del tequila.

1. La Jima: consiste en separar de la piña las pencas de agave cuando han alcanzado su madurez.

2. Hidrólisis: es indispensable realizarla para obtener fructosa que determina el perfil final de la bebida.

3. Extracción: previa o posterior a la hidrólisis, los azúcares de las piñas de agave son separados de la fibra, con el uso de una desgarradora y un tren de molinos de

rodillos, con el objetivo de purificar el mosto.

4. Formulación: de acuerdo con la Norma Oficial Mexicana del Tequila, el fabricante sólo puede hacer 2 tipos de tequila, 100% de agave y tequila. El de 100% agave puede consistir únicamente en el envío de los jugos a las tinas de fermentación, produciendo puro mosto. En el caso del tequila, puede elaborarse con hasta un 49% de azúcares provenientes de fuente distinta al agave.

5. Fermentación: en esta fase del proceso, los azúcares presentes en los mostos son transformados, por la acción de las levaduras, en alcohol etílico.

6. Destilación: el alcohol etílico, siendo más ligero que el agua, se vaporiza a una temperatura menor que el punto de ebullición del agua, condensándose y convirtiéndose en líquido con un alto contenido alcohólico. Se realiza generalmente en alambiques y consiste en dos fases hasta obtener finalmente el tequila.

CHARRO NEGRO

Rendimiento:
1 porción

Tiempo de preparación:
5 minutos

Ingredientes:

- Hielos
- 2 piezas de limón
- Un toque de Sal La Fina®
- 1 caballito de tequila
- Refresco de cola

Procedimiento:

En un vaso tira los hielos, agrega el jugo de un limón y un toque de Sal La Fina®, tira el caballito de tequila y termina con refresco de cola. Decora con unas rodajas de limón y sirve de inmediato.

Valor Nutrimental

E (K/cal)	85
HC (g)	1
Pt (g)	0
LT (g)	0
Col (mg)	0
Fb (g)	0
Na (mg)	492
Ca (mg)	5

GUADALAJARA

35 km separan Amatitán de la capital del estado de Jalisco, la orgullosa Guadalajara. Hay mucho qué decir y qué ver en esta increíble ciudad, tanto, que podríamos dedicar todo un libro a descubrir sus secretos; pero como nosotros tenemos un viaje que seguir, trataré de destilar, igual que el tequila, todo el sabor de la tierra tapatía.

Guadalajara es la segunda ciudad con mayor densidad de población del país, y el símbolo de la mexicanidad por su poderosa identidad cultural, de aquí han nacido íconos de nuestro folclor como la charrería, el jarabe tapatío y el emblemático mariachi, además de numerosas artesanías típicas que son consumidas vorazmente por turistas de todo el mundo. Su historia se remonta cuatro siglos atrás y podemos leerla en las fachadas de edificios monumentales como el majestuoso Hospicio Cabañas, cuyos interiores fueron decorados por la mano del pintor José Clemente Orozco y que hoy día ha sido declarado Patrimonio Cultural de la Humanidad. La Catedral, de la que sus torres son símbolo de la ciudad, también es una parada obligada lo mismo que el espectacular Teatro Degollado, ambas construcciones verdaderas fotografías postales de tu visita a "La Perla de Occidente", llamada así gracias a la hospitalidad y calidez de su gente. Tampoco puedes perderte la visita a una de las tradicionales cantinas o restaurantes que ofrecen una expresión muy mexicana de la gastronomía local en un festival de colores, formas y texturas.

Teníamos hambre después de echarnos unos tequilitas como aperitivos en Amatitán, así que nos instalamos rápidamente en un confortable hotel del centro, para después lanzarnos a recorrer las calles en busca de los mejores platillos, y por supuesto, un poco de música viva. ¿El mejor lugar? La famosa cantina La Fuente.

Esta cantina se caracteriza por dos cosas. Primero, porque se trata de la cantina más vieja de Guadalajara, y segundo, por la historia de la bicicleta. ¿Cuál bicicleta? La que está colada en un nicho sobre la barra. Cuenta el cantinero del establecimiento, que un comensal llegó y se sentó toda la tarde a beber como sólo los tapatíos saben hacerlo, pero al momento de pagar la cuenta no le alcanzó el dinero, por lo que llegó a un arreglo: dejaría empeñada la bici con la promesa de volver al día siguiente.

Esto sucedió hace 50 años y aún lo siguen esperando, no así nuestro primer platillo.

Lo primero que pedimos fue un sustancioso, aromático, intenso, nutritivo y reparador plato de birria. Servido en una cazuelita de barro y acompañado con un chorrito de limón recién partido, además de las infaltables tortillas.

BIRRIA

Ingredientes:

- 2 chiles anchos remojados y desvenados
- 2 chiles de árbol remojados y desvenados
- 2 chiles pasilla remojados y desvenados
- ¼ cucharadita de jengibre en polvo
- ¼ cucharadita de ajonjolí
- ¼ cucharadita de orégano
- ¼ cucharadita de tomillo
- Jugo de 2 naranjas
- 1 taza de vinagre
- 1 pieza de caña de cerdo
- 1 cucharada de aceite de canola
- 1½ cebollas blancas picadas
- 2 dientes de ajo picados
- 5 jitomates asados y picados
- 2 tazas de caldo de pollo
- Un toque de Sal La Fina®
- Un toque de orégano
- ½ cebolla blanca
- Tortillas

Rendimiento:
4 porciones

Tiempo de preparación:
30 minutos

Valor Nutrimental

E (K/cal)	674
HC (g)	9
Pt (g)	73
LT (g)	39
Col (mg)	235
Fb (g)	1
Na (mg)	336
Ca (mg)	56

Procedimiento:

Precalienta tu horno a 200 ºC.

Pon en tu licuadora los chiles, jengibre, ajonjolí, orégano, tomillo junto con el jugo de naranja y el vinagre, agrégale un toque de Sal La Fina®.

Unta la carne con la mezcla de los chiles y déjala marinar durante 10 minutos.

Pon la carne en una charola para horno y cocínala a 200ºC hasta que esté dorada, córtala en trozos pequeños.

En un sartén con poco aceite fríe la cebolla y el ajo, agrega los jitomates picados y el caldo de pollo, cocina durante 10 minutos, tírale un toque de Sal La Fina® y orégano.

Sirve en una cazuela la carne con el caldo de jitomate y decora con cebolla picada finamente; acompáñala con tortillas.

Cortesía chef Guadalupe García de León

LAS 7 ESQUINAS

Para seguir, pedimos consejo a Chuy y rápidamente nos dijo qué tocaba: unas inolvidables e ingeniosas tortas ahogadas, con una salsa de tomate y chile que nada más de verla comienzas a sudar.

TORTAS AHOGADAS

Rendimiento:
4 porciones

Tiempo de preparación:
20 minutos

Ingredientes:

Para la salsa:

- 3 jitomates
- 4 chiles serranos
- ¼ de cebolla blanca
- 1 taza de puré de tomate
- ½ taza de agua
- Un toque de Sal La Fina®

Para las tortas:

- 4 bolillos
- 2 tazas de carnitas de cerdo

Procedimiento:

Para hacer la salsa cocina los jitomates y el chile en agua, licualos con la cebolla, el puré de tomate y un poco de agua. Cocina la salsa en un sartén con poco aceite hasta que hierva, tírale un toque de Sal La Fina®.

Mete los bolillos unos minutos a tu horno para dorarlos un poco y rellénalos con la carne.

Para servir coloca una torta en un plato hondo, báñala con salsa caliente.

Valor Nutrimental

E (K/cal)	671
HC (g)	9
Pt (g)	73
LT (g)	39
Col (mg)	123
Fb (g)	3
Na (mg)	406
Ca (mg)	34

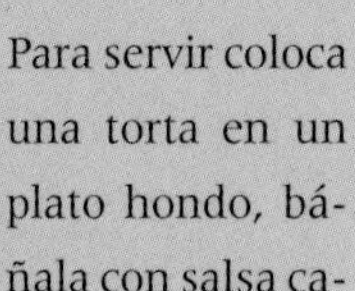

¿Dónde comerlas? Tortas Toño, El Güero, Las Chago, Tortas El Chuki, El Batán, La Providencia, Tortas Migue.

Ya en plan glotón, no podíamos dejar pasar la oportunidad de entrarle a un robusto, vigoroso y potente plato de carne en su jugo.

CARNE EN SU JUGO

Rendimiento:
4 porciones

Tiempo de preparación:
30 minutos

Ingredientes:

- 1 cucharada de aceite de canola
- 4 rebanadas de tocino
- 4 bisteces de res cortados en cubos
- 6 tomates verdes
- 1 jitomate
- ½ cebolla blanca
- 1 diente de ajo
- 1 cucharada de cilantro
- 5 tazas de agua
- 3 cucharaditas de salsa inglesa

Para decorar:

- Cebollitas cambray asadas
- Rábanos picados
- Cilantro picado
- Chiles serranos picados

Procedimiento:

En un sartén fríe el tocino en cubos, hasta que se dore un poco, retira y ahí mismo fríe la carne en tiritas hasta que tome color.

Cocina en agua los tomates y el jitomate y licua con el ajo, la cebolla y el cilantro. Agrega a esta mezcla las 5 tazas de agua y pon a hervir. Agrega la carne, el tocino y la salsa inglesa, se deja cocinar hasta que la carne esté suave.

Sirve la carne con su jugo y decora con cebollitas cambray asadas, rábanos, cilantro y chile.

Valor Nutrimental

E (K/cal)	653
HC (g)	27
Pt (g)	26
LT (g)	49
Col mg	172
Fb (g)	2
Na (mg)	211
Ca (mg)	35

¿Dónde comerlas? Karne Garibaldi, Carnes Asadas Rubén o El Navarrate.

¿Qué dijeron? ¿Se rajaron para el postre? ¡Pues, no! En este viaje nadie se rajó a entrarle a unos tiernos, cremosos, aromáticos y calientitos plátanos flameados con tequila, dulces chispas de chocolate y una crujiente de almendra. ¡Una belleza!

PLÁTANOS AL TEQUILA

Rendimiento:
4 porciones

Tiempo de preparación:
15 minutos

Ingredientes:

- 4 plátanos
- 2 cucharadas de azúcar
- 1 cucharada de mantequilla Lala®
- 2 caballitos de tequila
- 4 bolas de nieve de guanábana

Procedimiento:

Pela y corta en rebanadas un poco gruesas y en diagonal los plátanos, resérvalos un momento; mientras, en un sartén pon el azúcar, deja un poco y agrega la mantequilla Lala®.

Agrega los plátanos y los caballitos de tequila, enciende acercando al fuego o con un cerillo, flamea un poco hasta que empiecen a dorar los plátanos y sirve de inmediato, acompañado de la nieve de guanábana.

Valor Nutrimental

E (K/cal)	737
HC (g)	5
Pt (g)	37
LT (g)	63
Col (mg)	14
Fb (g)	5
Na (mg)	54
Ca (mg)	88

CFE

MICHOACÁN

Partimos de Guadalajara rumbo a Michoacán; el viaje de regreso al corazón de México tuvo su primera escala, y ahora debíamos seguir sus latidos recorriendo las arterias de sus carreteras mientras disfrutábamos del paisaje michoacano. Frente a nosotros extensas reservas naturales decoraban el paisaje como un banquete que estábamos ansiosos de probar.

Viajamos a Pátzcuaro, pueblo mágico ubicado a las orillas de un hermoso lago, mismo que ha cautivado a sus visitantes desde 1522 con la primera llegada

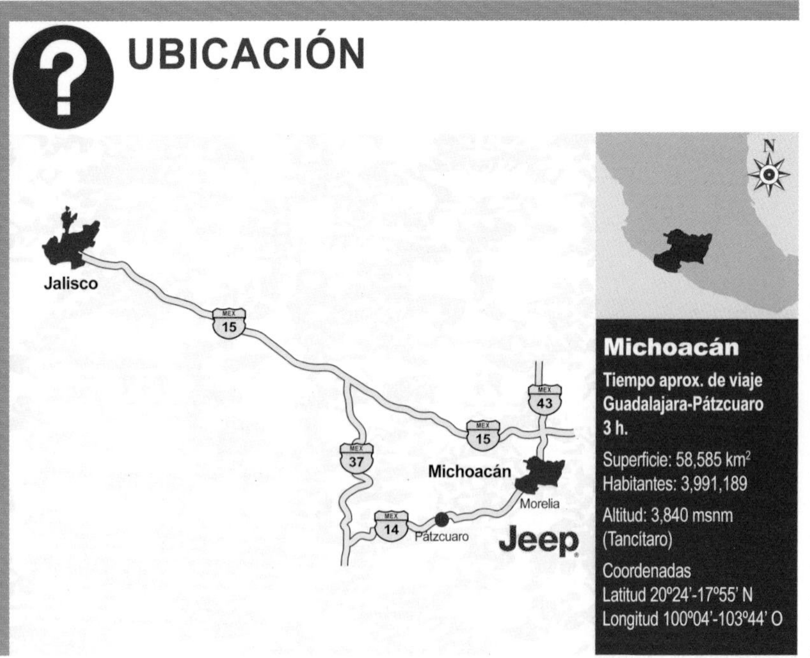

de los españoles, y que en ese momento hizo lo mismo con nosotros. Bajamos del coche, comenzamos a recorrer sus pequeñas calles como la Romero, Tejada, Terán, todas franqueadas por vistosas casas coloniales pintadas en su parte inferior por una franja color ladrillo y en la superior por la transparencia del blanco, rematadas por techos de tejas rojas y la tranquilidad de un pueblo que no resiste sus encantos al pasar del tiempo. Numerosas iglesias coloniales pueblan el corazón de Pátzcuaro, y en sus paredes desgastadas se cuenta la historia

del clima húmedo de la localidad: la hermosa Plaza Central Vasco de Quiroga, el Mercado y la Callejuela de los Once Patios que forma parte del Convento de Santa Catalina.

EL LAGO DE PÁTZCUARO

Fuimos hasta las orillas del lago y pudimos contemplar sus aguas verdiazules. Tuvimos la oportunidad de conversar con los pescadores, quienes nos enseñaron las "mariposas", que es un sistema de redes de pesca con las que sacan el pescado blanco tradicional de la zona, y que han sido objeto de maravillosas fotografías que muestran el encanto de este singular lugar. Este espectacular lago tiene una enorme variedad de flora acuática, además de cinco especies de peces: el afamado pescado blanco de Pátzcuaro (en peligro de extinción), trucha, acúmara, tiruhs y cheguas.

Abordamos una lancha y navegamos hasta la isla Janitzio, que se diferencia de las otras islas por el monumento de 40 metros a José María Morelos ubicado en la cumbre. Ahí nos apalabramos con Lauro, el capitán de la lancha, para que se organizara una deliciosa trucha recién pescada y cocinada a las orillas del lago, en lugar del pescado blanco que está en peligro de extinción.

TRUCHA

Ingredientes:

1 trucha entera, limpia
Sal La Fina® y pimienta
2 hojas de laurel
1 ramita de tomillo
2 dientes de ajo fileteados

Rendimiento
1 porción

Tiempo de preparación:
15 minutos

Procedimiento:

En un platón grande coloca la trucha, marina con Sal La Fina®, pimienta, laurel, tomillo y ajos fileteados. Coloca directamente a la parrilla o en un brasero al carbón por unos minutos, voltea hasta que se cueza perfectamente y sirve de inmediato.

Valor Nutrimental

E (K/cal)	214
HC (g)	2
Pt (g)	23
LT (g)	13
Col (mg)	60
Fb (g)	0
Na (mg)	580
Ca (mg)	44

Lauro nos contó durante la comida que el festejo de Día de Muertos en este lago es muy especial, pues los habitantes de la región, embarcados en canoas alumbradas con velas, visitan el panteón de Janitzio para depositar ofrendas, creando un espectáculo sin igual.

SANTA CLARA DEL COBRE

Antes de llegar a la hermosa capital michoacana, la majestuosa Morelia, hicimos una escala técnica para disfrutar de unas carnitas. Un platillo que nació del mestizaje de la cocina mexicana pues el cerdo, ingrediente principal, llegó de Europa. El lugar nos alejó un poco del destino final en Michoacán, pero no podíamos dejar de conocer la población donde se manufacturan las mejores ollas de cobre para cocinar esos deliciosos tacos de carne de cerdo que tanto se me antojaban, Santa Clara del Cobre.

Les cuento que Santa Clara es un pueblo muy pintoresco en el que hay mercados de artesanías en cobre, sartenes, ollas de todos tamaños, copas, platones, cucharas y demás utensilios que estoy seguro vestirán su cocina con el trabajo tradicional de los mejores artesanos de México. Además, encontrarán la mejor receta para preparar unas jugosas, sustanciosas, suaves, carnitas de cerdo, con sus tortillas recién hechas, cebolla y cilantro picaditos en una fresca combinación, unas gotas de limón mezcladas con el picante de una intensa salsa verde en el estado que se especializa en esta maravillosa receta.

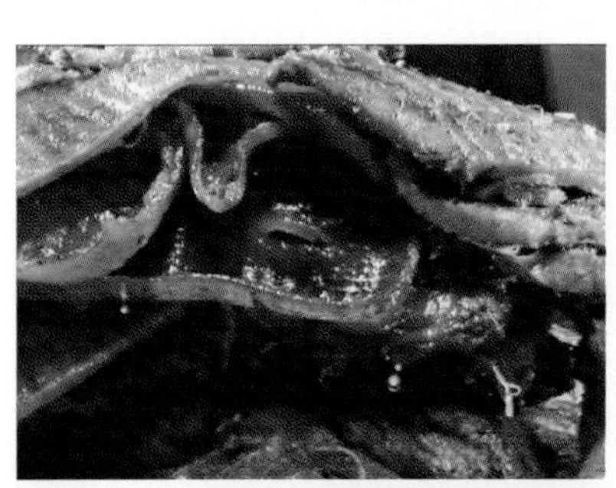

CARNITAS

Rendimiento:
8 porciones

Tiempo de preparación:
30 minutos

Ingredientes:

- 1 pieza de caña de cerdo
- 2 cucharadas de Sal La Fina® gruesa
- 2 cucharadas de azúcar blanca
- 3 cucharadas de cilantro picado
- 1 cucharada de pimienta gorda molida
- 4 cucharadas de aceite de canola
- ½ cebolla blanca
- 4 ramitas de mejorana
- 4 ramitas de tomillo
- 1 hoja de laurel
- 10 piezas de pimienta negra molida
- 1 naranja cortada en 8
- 4 tazas de leche Lala®
- Un toque de Sal La Fina®
- Tortillas
- Cilantro picado
- Cebolla picada

Procedimiento:

Marina la carne 10 minutos con la Sal La Fina® gruesa, azúcar, cilantro y pimienta gorda. Córtala en trozos medianos.

En una olla calienta el aceite a fuego medio, agrega la cebolla y la carne y cocínala hasta que esté dorada, agrega la mejorana, tomillo, laurel, pimienta, naranja, leche Lala® y un toque de Sal La Fina®, baja el fuego, tapa y cocina 30 minutos o hasta que la carne esté muy suave.

Sírvela en trozos pequeños con tortillas, cilantro picado, cebolla picada y una rica salsa verde.

Cortesía chef Lucero Soto

Valor Nutrimental

E (K/cal)	691
HC (g)	6
Pt (g)	75
LT (g)	41
Col (mg)	242
Fb (g)	0
Na (mg)	538
Ca (mg)	155

MORELIA

Con el estómago lleno, el estéreo tocando nuestras canciones favoritas y la sensación de libertad que dan los viajes en carretera, manejamos a Morelia, tierra que recibe su nombre en homenaje a José María Morelos y Pavón desde el año de 1828. La capital de Michoacán basa más del 60% de su economía en el sector terciario, es decir, el de servicios, por lo que la atención a los visitantes es muy profesional y seguro que te harán sentir como en casa, como a nosotros cuando nos instalamos en un muy cómodo hotel del centro.

En Morelia les recomiendo darse una vuelta por sus calles y perderse un poco en ellas. Ubiquen edificos emblemáticos como la Catedral, el Jardín de las Rosas, el Templo de San Agustín, el Museo del Estado, el Acueducto, la famosa Escuela de

Música, y por supuesto, el excelso Palacio Clavijero. También aquí tendrán la oportunidad de viajar en el tiempo al entrar a la Universidad Michoacana de San Nicolás de Hidalgo, que fue la primera en su tipo en toda ¡América Latina! Pero digo viajar en el tiempo porque en sus salones o aulas fueron instruidos personajes tan importantes como don Miguel Hidalgo y Costilla o don José María Morelos.

Personajes que seguramente eran fanáticos como yo de las deliciosas corundas. Unos ingeniosos tamales de forma triangular, elaborados con harina de maíz, suave queso y frescas pero aromáticas verduras condimentadas con el toque ahumado de la ceniza. ¡No puedes perdértelas!

CORUNDAS

Ingredientes:

Para las corundas:

8 tazas de masa de maíz
2 tazas de agua
2 tazas de manteca de cerdo
3 cucharadas de polvo para hornear
1 cucharada de Sal La Fina®
8 hojas de maíz frescas

Para la salsa:

1 cucharada de aceite
3 chiles poblanos asados, pelados, desvenados y cortados en rajas
1 diente de ajo finamente picado
1 cebolla blanca finamente picada
2 tazas de puré de tomate
Un toque de Sal La Fina®
1 taza de crema Lala®
1 taza de agua

Rendimiento:
8 porciones

Tiempo de preparación:
30 minutos

Valor Nutrimental

E (K/cal)	1037
HC (g)	84
Pt (g)	10
LT (g)	73
Col (mg)	78
Fb (g)	4
Na (mg)	482
Ca (mg)	238

Procedimiento:

Agrega el agua a la masa y mézclala bien. Reserva.

En tu batidora bate la manteca hasta que esponje, agrega la masa junto con el polvo de hornear y la Sal La Fina®, sigue batiendo hasta que al poner un poco de masa en una taza de agua, flote.

Coloca dos cucharadas de masa en las hojas de maíz por el lado más grueso, envuélvelas en forma triangular y acomódalas en una vaporera. Deja cocer durante media hora o hasta que se desprendan fácilmente de las hojas.

Para hacer la salsa pon a calentar el aceite y fríe las rajas de poblano, la cebolla y el ajo, agrega el puré de tomate y tírale un toque de Sal La Fina®, deja hervir unos minutos, agrega el agua y la crema Lala® y cocina 5 minutos más.

Para servir coloca la corunda con todo y hoja en un plato y báñala con salsa.

Cortesía chef Lucero Soto

En el siguiente punto haré una pequeña pausa para ofrecer una ovación de pie, porque en una ciudad dulce como Morelia no podía faltar un museo dedicado a las tentaciones más celebradas por todos los mexicanos y turistas, la gran repostería moreliana que se reúne en el Museo del Dulce. Ahí podrás enterarte de cómo se elaboraban los ates con frutas y miel mucho antes de la llegada de los españoles, los morelones o las pastillas de tamarindo. Además están empacados con hermosas presentaciones artesanales que servirán para llevarles un buen regalo a nuestras personas especiales, y de paso dénle un gran saludo a Enrique Alejandro Maciel, director del Museo.

Para los glotones y tragones (me incluyo) va la receta de unos cremosos, aromáticos y dulces chongos zamoranos.

CHONGOS ZAMORANOS

Rendimiento:
4 porciones

Tiempo de preparación:
60 minutos

Ingredientes:

- 8 tazas de leche Lala® entera
- Jugo de 4 limones
- 2 tazas de azúcar blanca
- 2 rajas de canela

Procedimiento:

Pon a calentar la leche Lala® a fuego bajo para que no hierva, cuando esté caliente agrega poco a poco el jugo de limón moviendo con una cuchara. Baja el fuego y deja calentar 30 minutos sin mover.

Haz un corte en forma de cruz con un cuchillo sobre la leche Lala® y deja reposar durante 5 minutos.

Agrega el azúcar y la canela sin mover y calienta otra media hora a fuego medio, recuerda que la leche Lala® no debe hervir.

Cuando ya no tengan casi nada de líquido retira del fuego y sirve espolvoreando un poco de canela.

Valor Nutrimental	
E (K/cal)	754
HC (g)	150
Pt (g)	17
LT (g)	10
Col (mg)	40
Fb (g)	1
Na (mg)	251
Ca (mg)	614

O si prefieren un postrecito ideal para acompañar con un café a media tarde, así es como se prepara el más cremoso, afrutado, dulce y provocativo *cheesecake* con base de amaranto y aterciopelada salsa de ate de guayaba. Ésta es la receta original de mi amiga Lucero Soto.

CHEESECAKE CON ATE

Ingredientes:

Costra:

- 1½ tazas de amaranto
- ½ taza de pan molido
- 2 huevos
- 45 g de mantequilla Lala® derretida

Pay:

- 2 claras
- 500 g de queso crema Lala®, a temperatura ambiente
- 1 taza de azúcar
- 1 cucharada de vainilla
- ¼ taza de leche
- 2 cucharadas de harina
- 1 limón, la ralladura

Cubierta:

- 200 g de ate de guayaba
- 1 taza de agua
- 4 cucharadas de amaranto
- Zarzamoras y hierbabuena para decorar

Procedimiento:

Precalentar el horno a 170 ºC.

Costra: Mezclar amaranto y pan molido. Agregar huevo y mantequilla Lala® derretida. Integrar todo y reservar.

Pay: Batir claras a punto de turrón y reservar.

Batir yemas a punto de listón.

Añadir el queso crema Lala® y batir con azúcar hasta acremar.

Verter la vainilla. Mezclar y agregar leche Lala®.

Agregar harina. Envolver las claras.

Montado: Engrasar charola y colocar los aros de acero inoxidable. Repartir la base de amaranto y presionar con una cuchara.

Agregar la mezcla de queso y hornear 50 minutos.

Suavizar el ate en horno de microondas (30 segundos).

Licuar junto con el agua.

Desmoldar los pays. Cubrir con la salsa de ate.

Decorar con amaranto, zarzamoras y hierbabuena.

Cortesía chef Lucero Soto

Rendimiento:
12 porciones

Tiempo de preparación:
1 hora

Valor Nutrimental

E (K/cal)	804
HC (g)	101
Pt (g)	27
LT (g)	33
Col (mg)	232
Fb (g)	2
Na (mg)	1052
Ca (mg)	127

Y para cerrar la visita a Morelia, no podía perder la oportunidad para brindarles de primera mano dos de mis recetas favoritas. La primera me la compartió Rubí Silva, Embajadora Turística de Morelia y propietaria del Restaurante Mirasoles. ¡No te las puedes perder! Son las tradicionales y coloridas enchiladas morelianas.

ENCHILADAS MORELIANAS

Ingredientes:

- 1 diente de ajo
- ¼ de cebolla
- 4 piezas de chile guajillo sin semillas
- 2 piezas de chile ancho sin semillas
- 1 pieza de jitomate.
- ¼ taza de agua
- Un toque de Sal La Fina® y pimienta
- 12 tortillas de maíz
- Aceite
- 4 tazas de pechuga de pollo deshebrado
- 1 taza de crema Lala®
- 1 taza de queso panela Lala®
- ½ cebolla en aros
- 1 taza de lechuga picada

Rendimiento:
6 porciones

Tiempo de preparación:
20 minutos

Procedimiento:

Asa en un comal el ajo, la cebolla, el chile guajillo, chile ancho y jitomate, mezcla en tu licuadora con el ¼ de taza de agua y dale sabor con un poco de Sal La Fina® y pimienta. Fríe las tortillas con un poco de aceite y baña de la salsa que preparaste, en medio coloca un poco de pollo desmenuzado, dobla y sirve tres por plato.

Al servir decora con un toque de crema Lala®, queso panela Lala®, cebolla en aros y lechuga.

Valor Nutrimental

E (K/cal)	946
HC (g)	53
Pt (g)	63
LT (g)	53
Col mg	298
Fb (g)	2
Na (mg)	897
Ca (mg)	723

La otra receta que les mencioné es la de un saludable antojo para media mañana, un Gazpacho de Frutas, un platillo refrescante, de colores vibrantes y sabor tropical por la combinación exacta de pulpa de mango, melón y piña.

GAZPACHO MORELIA

Rendimiento:
12 porciones

Tiempo de preparación:
15 minutos

Ingredientes:

- 1 taza de piña en cubos
- 1 taza de mango en cubos
- 1 taza de coco en cubos
- 1 taza de jícama rallada
- 4 cucharadas de chile piquín
- 2 piezas de limón
- un toque de Sal La Fina®
- 4 tazas de jugo de naranja
- 1 taza de queso añejo rallado

Procedimiento:

Mezcla en un tazón grande todas las frutas, tira el chile piquín, exprime los limones encima y un toque de Sal La Fina®. En cada vaso coloca un poco de la fruta y un poco de queso rallado. Agrega una taza de jugo de naranja a cada vaso.

Valor Nutrimental

E (K/cal)	268
HC (g)	34
Pt (g)	9
LT (g)	11
Col mg	22
Fb (g)	2
Na (mg)	402
Ca (mg)	26

Nuestro siguiente destino era el Estado de México, pero antes de llegar hicimos una parada obligada en un lugar donde la naturaleza revela toda su magia, Angangueo, lugar que es el santuario de las mariposas monarca, las cuales cada año a finales de octubre llegan por millones a los bosques michoacanos después de un viaje de más de ¡4,000 km! desde el norte de los Estados Unidos, su recorrido tiene como objetivo la reproducción para después volar de vuelta. Estar ahí parado, ver cómo la corteza de los árboles desaparece totalmente tapizada por una alfombra de mariposas, lo mismo que las ramas y las copas, se convierte en un espectáculo que te deja sin palabras. Y que cada vez que estoy aquí me recuerda la primera vez que vine hace ya más de 20 años, con una de mis personas consentidas, mi abuelo.

ESTADO DE MÉXICO

El viaje al corazón de la nación siguió su curso y desde Morelia partimos al Estado de México, específicamente a Valle de Bravo. 224 km de travesía a través de una carretera cuya flora seguro te mostrará su lado más verde, para que en tan sólo 3 horas de camino llegues a un paraíso muy cercano a la Ciudad de México.

El Estado de México está conformado por valles y serranías, cuyo agradable clima propicia una afluencia de visitantes durante todo el año. Y en Toluca, además de disfrutar de estupendos

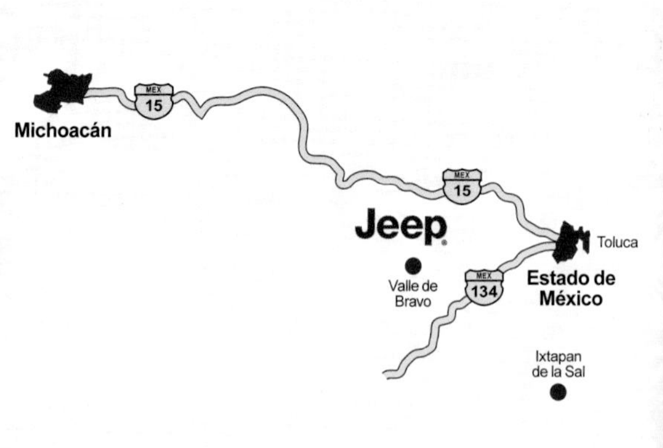

museos que darán cuenta de la importancia histórica de la región al exponer piezas de la zona arqueológica de Malinalco y de la imponente cultura teotihuacana, podrás echar un vistazo al majestuoso Cosmovitral, y por supuesto, saborear el típico chorizo verde toluqueño. Sin embargo, nosotros en esta ocasión nos dirigiremos, como les dije antes, a un lugar que llena mi memoria con recuerdos de la infancia, Valle de Bravo.

CENA CON AMIGOS EN "VALLE"

Hemos visitado numerosos "pueblos mágicos" en este viaje, y con esta clasificación, la Secretaría de Turismo busca transmitir la atmósfera que encontrarás al llegar. Porque al descender entre curvas que serpentean un camino cortado por bosques de pinos, puedes ver aparecer el espejo azulado del lago que es el corazón de este increíble valle. A medida que te acercas y te internas en sus calles empedradas, comienzas a respirar en el aire la tranquilidad y la amabilidad de sus pobladores, los aromas del bosque mezclándose con el perfume de la tierra mojada, la pintoresca construcción de sus casas de estuco con tejas de barro, paredes blancas con las huellas de la humedad, los balcones de fierro forjado pintados con flores como un exótico platillo y las iglesias que elevan sus torres encima de los caseríos... ésa es sólo parte de su magia.

Esta vez no llegamos a hospedarnos en un hotel, aunque si tú quieres hacerlo, Valle de Bravo cuenta con excelentes hoteles que te ofrecerán una atención y servicios de primera. Nosotros caímos a casa de Fernanda y Paco, una pareja de amigos artistas que viven en este increíble lugar desde hace casi 10 años. El clima, el día que llegamos era un poco nublado, pero le daba un toque nostálgico que a todos nos agradó. Fernanda nos recibió en su hermosa casa de ladrillo, chimenea encendida y una buena taza de chocolate caliente ya que casi eran las 7 de la noche y el frío era la excusa perfecta para compartir esta bebida y ponernos al día. (Para esta altura, ya deben saber cómo se hace un buen chocolate caliente: pág. 44)

La cena corrió por mi cuenta; quería agasajar a nuestros anfitriones y decidí preparar algo memorable. Empecé con una refrescante y crujiente ensalada con flor de jamaica, aromática vinagreta de jengibre, al que le suavicé su picor natural con un toque de dulce miel orgánica, evidentemente, todos los productos vallesanos.

ENSALADA DE FLOR DE JAMAICA CON VINAGRETA DE JENGIBRE

Rendimiento:
4 porciones

Tiempo de preparación:
10 minutos

Ingredientes:

1 tazón de lechugas mixtas (escarola, sangría, francesa)
1 taza de flor de jamaica cocida en agua con Sal La Fina®

Para la vinagreta:

3 cucharadas de vinagre blanco
2 cucharadas de miel
½ pieza de jengibre rallado
½ taza de aceite de oliva

Procedimiento:

Mezcla las lechugas con la flor de jamaica cocida en agua con Sal La Fina®. Para hacer la vinagreta mezcla el vinagre, la miel, el jengibre y un toque de Sal La Fina®, en tu licuadora, agrega poco a poco el aceite de oliva hasta incorporar. Sirve con un aro las lechugas con la flor de jamaica y baña con vinagreta.

Cortesía chef Arturo Nardo

Valor Nutrimental

E (K/cal)	276
HC (g)	16
Pt (g)	7
LT (g)	21
Col mg	0
Fb (g)	3
Na (mg)	6
Ca (mg)	9

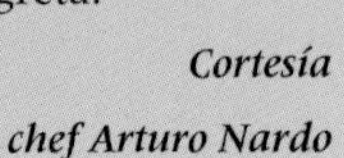

Para el segundo plato aproveché una parrilla que tenían en casa y después de hervir unas alcachofas hasta que abrieron como flores, las tiré al fuego dejando que se rostizaran un poco adquiriendo el sabor ahumado de la leña.

ALCACHOFAS A LA PARRILLA

Rendimiento:
4 porciones

Tiempo de preparación:
20 minutos

Ingredientes:

- Agua
- Jugo de 2 limones
- 8 corazones de alcachofas frescas
- 2 cucharadas de mantequilla Lala®
- 1 cucharada de aceite de oliva
- Hojas de romero picadas
- Tomillo picado
- Mejorana picada
- Un toque de Sal La Fina®
- Un toque de pimienta
- 1 diente de ajo picado
- Queso parmesano rallado

Procedimiento:

Blanquea las alcachofas en agua con Sal La Fina®, el jugo de un limón, y pártelas por la mitad.

Mezcla la mantequilla Lala® derretida con el aceite, las hierbas, el limón y tírale un toque de Sal La Fina® y pimienta.

Marina las alcachofas por un par de minutos con la mezcla de la mantequilla Lala® y luego pásalas por la parrilla. Baña con la mezcla restante, agrega queso parmesano rallado y sirve.

Adorna con un ramillete de hierbas y baña con un poco de salsa.

Valor Nutrimental

E (K/cal)	389
HC (g)	22
Pt (g)	21
LT (g)	24
Col mg	59
Fb (g)	2
Na (mg)	1960
Ca (mg)	678

Pero una vez encendido el fuego, quise aprovechar la leña sacándole provecho al echar un producto que literalmente proviene de las entrañas de la tierra y del que tengo que admitir no tengo muy gratos recuerdos de mi infancia (hay dos cosas de comer que no me encantan y una de ellas es el betabel), pero era lo que había en casa de Paco y Fer así es que después de lavarlos y pelarlos los corté y bañé con el agradable aroma del aceite de oliva, aromáticas a un lado, y armadura de aluminio después de 10 minutos sobre el fuego...

SOPA DE BETABEL ROSTIZADO CON QUESO DE CABRA

Ingredientes:

- 4 betabeles, pelados y en rodajas
- 1 cebolla blanca en cubos
- Hojas de laurel
- Mejorana
- 4 ramas de tomillo
- Un toque de pimienta
- Un toque de Sal La Fina®
- 2 dientes de ajo pelados
- ½ taza de aceite de canola
- 4 tazas de caldo de pollo
- 1 paquete chico de queso de cabra
- 4 rebanadas de pan integral
- 3 dientes de ajo
- 3 cucharadas de aceite de oliva
- Hojas de perejil para decorar

Rendimiento:
4 porciones

Tiempo de preparación:
30 minutos

Valor Nutrimental

E (K/cal)	597
HC (g)	44
Pt (g)	19
LT (g)	38
Col mg	13
Fb (g)	3
Na (mg)	715
Ca (mg)	511

Procedimiento:

Precalienta el horno a 200°C.

Coloca en una charola de horno los betabeles, mezcla en un tazón la cebolla, las hierbas de olor, Sal La Fina®, pimienta, ajo y aceite de canola, barniza con esta mezcla los betabeles, cocina unos 10 minutos o hasta que estén cocidos.

Licua los betabeles, la cebolla y el ajo con el caldo de pollo y agrega un toque de Sal La Fina®; vierte esta mezcla en una olla y calienta.

Corta un ajo a la mitad y frota en las rebanadas de pan, tira un poco de aceite de oliva, córtalos en rectángulos y mételos al horno hasta que estén dorados. Sirve la sopa de betabel y pon encima el crouton, una hoja de perejil fresco y alrededor el queso de cabra desmoronado.

Era muy raro que Fer y Paco comieran proteínas animales, por eso los invité a que cocinaran conmigo el plato fuerte. Juntos preparamos unos suaves ravioles con láminas de calabaza fresca que rellenamos a los 3 quesos, dándoles un sabor único que complementaríamos con una sutil salsa de elote.

Para el postre, el favorito de ellos, dulces y cremosas crepas de cajeta.

CREPAS DE CAJETA

Rendimiento:
4 porciones

Tiempo de preparación:
20 minutos

Ingredientes:

- 8 cucharadas de harina
- 2 piezas de huevo
- 4 cucharadas de azúcar blanca
- 1 taza de leche Lala®
- 1 cucharada de mantequilla Lala®
- 2 cucharadas de cajeta
- 4 cucharadas de nuez picada
- Hojas de menta

Procedimiento:

Mezcla con un batidor o en tu licuadora harina, huevo, azúcar y leche Lala®, hasta que quede una mezcla uniforme, un poco líquida.

Engrasa un sartén antiadherente con un poco de mantequilla Lala® y vacía una cucharada sopera de la mezcla para llenar todo el fondo del sartén, recuerda que debe quedar muy delgada. Déjala cocer a fuego bajo y voltéala para que se dore ligeramente de los dos lados.

Unta la cajeta en la mitad de la crepa, agrega la nuez y dobla formando un triángulo, una vez doblada, pon más cajeta encima y trocitos de nuez, sírvelas calientes.

Decora con hojas de menta.

Valor Nutrimental

E (K/cal)	323
HC (g)	25
Pt (g)	13
LT (g)	19
Col mg	149
Fb (g)	0
Na (mg)	95
Ca (mg)	104

SOL BRAVO

La velada se extendió hasta poco más de las 2 de la mañana; entre anécdotas y risas, disfrutamos un poco de la compañía de los amigos hasta que fuimos a nuestras habitaciones donde caímos como tablas. Me despertó un sol brillante y calientito. Las nubes se habían disipado y el sol prometía un día lleno de aventuras que debían llevarse a cabo en las aguas apacibles del lago. Bajé a desayunar y me tomé un café cortado. Paco y yo tomamos nuestros trajes de baño; como en los viejos tiempos, nos subimos a su camioneta con los esquíes en la cajuela y una sonrisa estudiantil en la cara.

En Valle de Bravo puedes hacer deportes acuáticos como veleo, kayak, parapente, pesca, y siguiendo el ejemplo de Paco y mío, psss el esquí.

En homenaje a esos bellos recuerdos, les comparto la receta de una jugosa ensalada con supremas de ácida toronja, dulce naranja e intensa lima, acompañada con una aromática y profunda vinagreta de canela.

ENSALADA DE SUPREMAS DE CÍTRICOS CON VINAGRETA DE CANELA

Ingredientes:

Para la vinagreta:

- ¼ taza de aceite de oliva
- 1 cucharada de vinagre balsámico
- 1 cucharada de miel
- Un toque de Sal La Fina®
- 1 taza de supremas de toronja
- 1 taza de supremas de naranja
- 1 taza de supremas de lima
- 1 taza de nueces troceadas y tostadas
- 1 tazón de lechugas mixtas (escarola, sangría, francesa)

Rendimiento:
4 porciones

Tiempo de preparación:
10 minutos

Procedimiento:

Para hacer la vinagreta mezcla con un batidor el aceite de oliva, vinagre balsámico, la miel y un toque de Sal La Fina®. Pon en un tazón la mezcla de lechugas junto con las supremas, tira la vinagreta, agrega la nuez y revuelve ligeramente.

Valor Nutrimental

E (K/cal)	245
HC (g)	23
Pt (g)	8
LT (g)	13
Col mg	10
Fb (g)	4
Na (mg)	39
Ca (mg)	55

Y para cerrar el episodio en Valle de Bravo, gracias a Fer y Paco, además invitarlos a ustedes a compartir con sus amigos la receta de este dulce postre con frutos del bosque, para que disfruten de la cálida sensación de unas zarzamoras salteadas con cardamomo y chile de árbol, acompañadas con el fiel helado de vainilla.

POSTRE DE FRUTOS DEL BOSQUE

Rendimiento:
4 porciones

Tiempo de preparación:
20 minutos

Ingredientes:

- 3 cucharadas de mantequilla Lala®
- 3 cucharadas de azúcar mascabado
- ½ taza de frambuesa
- 1 taza de fresas picadas
- 1 taza de zarzamoras
- $^2/_3$ taza de yogurt natural
- Hojas de menta para decorar

Procedimiento:

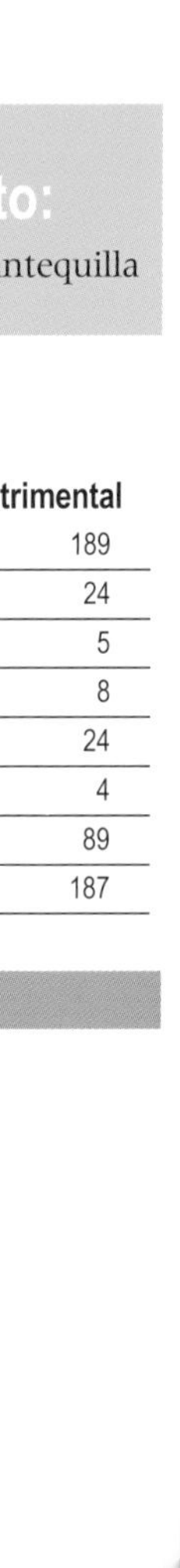

En un sartén pon la mantequilla Lala®, cuando se derrita agrega el azúcar y las frutas.

Saltea ligeramente; en copas coloca el yogurt natural y encima las frutas.

Decora con unas hojas de menta.

Valor Nutrimental

E (K/cal)	189
HC (g)	24
Pt (g)	5
LT (g)	8
Col mg	24
Fb (g)	4
Na (mg)	89
Ca (mg)	187

IXTAPAN DE LA SAL

Para llegar a Ixtapan de la Sal desde Valle de Bravo hay que dar un poco de vuelta, pero vale la pena y el recorrido en general no es largo: pasas por Toluca, San Diego, hasta que finalmente en 2 horas de camino llegas a un lugar del que su agradable clima y sus manantiales con aguas termales han sido foco de desarrollo turístico.

Ixtapan es una palabra náhuatl que significa "sobre la sal". Sabrás que llegaste cuando un increíble paseo de jacarandas te conduzca hasta la glorieta de la Diana Cazadora. Desde ahí sólo tendrás que seguir las indicaciones para llegar hasta la Parroquia de la Asunción, que es un legado histórico que da fe de la presencia española en la región desde el siglo XVI. Nosotros nos lanzamos directamente a las aguas termales, que nos habían dicho que tienen poderes curativos, y aunque el baño fue reconfortante, algo que no pudo curar fue el hambre, por lo que decidimos entrarle a una suave y aromática trucha empapelada y acompañada de unos refrescantes taquitos de betabel.

TRUCHA EMPAPELADA A LA PARRILLA O A LA PLANCHA ESTILO ESTADO DE MÉXICO

Rendimiento:
1 porción

Tiempo de preparación:
30 minutos

Nota: Abrir con mucho cuidado después de que se haya terminado de cocinar, ya que el vapor que está adentro podría salir con bastante presión.

Ingredientes:

- 1 pieza mediana (200 g) de trucha arcoiris fresca
- 25 g chile manzano o habanero
- 50 g cebolla morada
- 1 pieza de cebollita cambray
- 1 ramita de epazote

Para marinar:

- 5 ml de jugo de limón
- 5 ml de jugo de naranja
- ¼ de cebolla blanca fileteada
- 1 diente de ajo finamente picado
- Pimienta al gusto
- Sal La Fina® al gusto

Extras:

- Papel aluminio
- Mantequilla Lala®

Procedimiento:

Limpiar y lavar perfectamente la trucha; ya limpia, hacer unas incisiones en diagonal con un cuchillo para mejorar el sabor al marinar.

En un refractario, colocar la trucha y exprimir el jugo de limón, el jugo de naranja y agregar un poco de cebolla blanca fileteada, ajo finamente picado, Sal La Fina® y pimienta al gusto y dejar marinar aproximadamente de 10 a 15 minutos antes de hacer el siguiente paso.

Cortar el papel aluminio de 30 cm. aproximadamente y untar un poco de mantequilla Lala® para evitar que se pegue el pescado, colocar la trucha marinada en el papel y agregar encima el chile manzano o habanero, la cebolla morada fileteada, rodajas de cebolla cambray y la ramita de epazote y comenzar a cerrar formando un sobre hermético para evitar que salga el vapor y la cocción sea uniforme.

Colocar sobre la parrilla o plancha; al momento de que se infle el papel aluminio quiere decir que se puede voltear para que se cocine del otro lado, el tiempo total por ambos lados es de aproximadamente 15 minutos.

Cortesía chef Gerardo Vargas Alemán

Valor Nutrimental

E (K/cal)	746
HC (g)	25
Pt (g)	59
LT (g)	46
Col mg	144
Fb (g)	4
Na (mg)	826
Ca (mg)	218

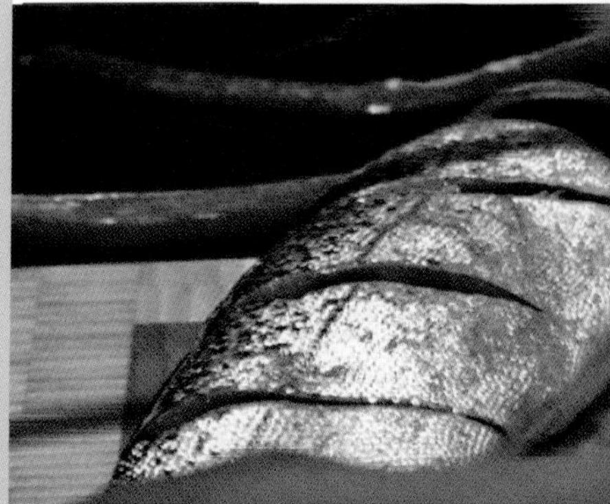

TAQUITOS DE BETABEL, ZANAHORIA Y JÍCAMA CON VINAGRETA DE CHILE SERRANO

Rendimiento:
12 porciones

Tiempo de preparación:
30 minutos

Sugerencia: vinagreta de chile serrano sobre los taquitos de betabel.

Ingredientes:

1 pieza de betabel
1 pieza de zanahoria
¼ pieza de jícama
cebollín

Vinagreta:

50 ml de vinagre blanco
40 ml de aceite de oliva
2 piezas de limón
2 piezas de chile serrano
Sal La Fina® y pimienta al gusto

Procedimiento:

Lavar y desinfectar perfectamente el betabel, la zanahoria, la jícama y el cebollín.

En una cacerola pequeña poner agua y agregar unas gotas de limón y una pizca de Sal La Fina®.

Pelar el betabel y cortar en lajas muy finas y pocharlas dentro del agua hirviendo (mencionada en el punto anterior), durante unos 30 segundos, sólo para que no estén duras y hacerlas un poco más maleables; retirar del agua y agregar rápidamente agua fría pera detener la cocción y que aún estén un poco crujientes.

Pelar la zanahoria y la jícama, rallar y reservar.

Ya frío el betabel, secarlo con una servilleta limpia y en medio de cada laja poner un poco de zanahoria y jícama y cerrar el betabel en forma de taco con ayuda del cebollín. Hacer un pequeño nudo para evitar que se desate.

Para la vinagreta:

Colocar en un tazón chile serrano finamente picado, jugo de dos limones, vinagre blanco, Sal La Fina® y pimienta al gusto y finalmente el aceite de oliva; emulsionar todos los ingredientes perfectamente y servir.

Valor Nutrimental

E (K/cal)	102
HC (g)	3
Pt (g)	0
LT (g)	10
Col mg	0
Fb (g)	1
Na (mg)	268
Ca (mg)	8

Recibí una llamada al terminar de comer la trucha, debía regresar al D.F. Sólo me faltaba un estado para terminar el recorrido que conformaría el primer libro de México Saludable: Hidalgo. Pero no esperé mucho hasta que pude escaparme un fin de semana e ir a la tierra de la barbacoa.

HIDALGO

Fin de semana a Hidalgo; primera escala, Pachuca, después el increíble San Miguel Regla. Tanque lleno, pilas de la cámara cargada, música favorita, todo estaba listo. Último destino en el horizonte y sí, como al inicio, cosquillas en el estómago; ¿hambre? Quizá.

Pachuca, capital del estado de Hidalgo, se encuentra a tan sólo una hora y cuarto de la Ciudad de México. Aquí podrás darte una vuelta por sus calles y ver de cerca la arquitectura barroca estilizada en la Capilla de Nuestra Señora de la Luz y el estilo

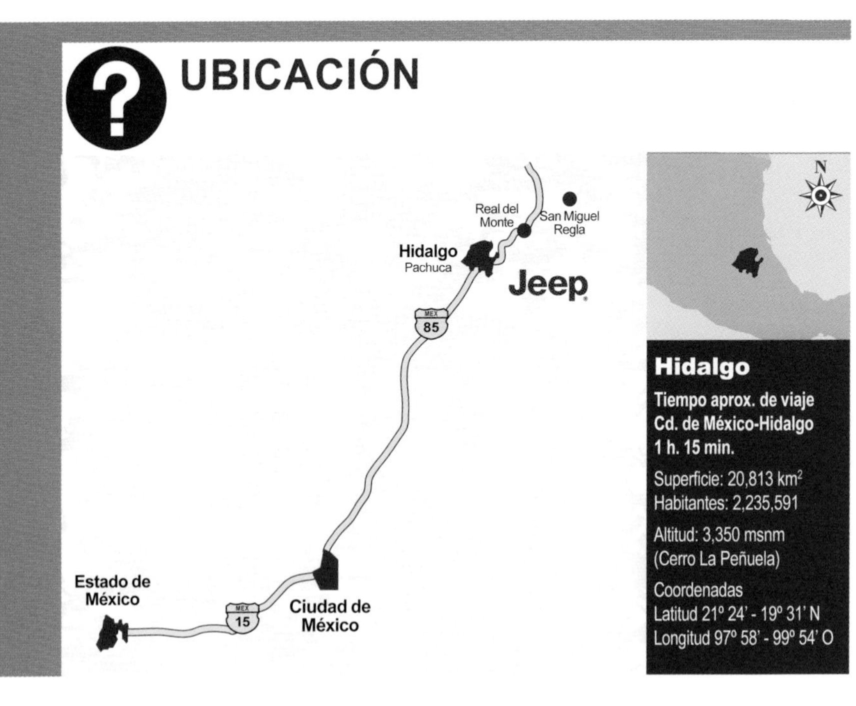

neoclásico presente en el Ex Convento de San Francisco, donde se encuentra uno de los archivos fotográficos más importantes de Latinoamérica y el más nutrido acerca de la Revolución Mexicana. Después de hacer estas paradas obligadas, podrás descubrir si lo que sentías como cosquillas en el estómago era en efecto hambre, disfrutando de una de las mejores barbacoas que has probado, la "barbacha hidalguense", como se le dice en la calle.

Pero sé que la preparación de barbacoa requiere de cavar un hoyo en la tierra para enterrar la carne, y como no queremos que destruyas tu jardín, o llegues al departamento de abajo, te compartiré esta práctica receta de la mejor barbacoa en olla exprés, suave y tan jugosa que se deshará en tu boca y a la que sólo bastará con echarle un poco de la tradicional salsa borracha molcajeteada para que sea la protagonista de tus domingos en familia.

BARBACOA CASERA

Rendimiento:
12 porciones

Tiempo de preparación:
60 minutos

Ingredientes:

- 1 kilo de espaldilla
- 1 kilo de pierna deshuesada de borrego o chivo (aprox. 1 kilo)
- 1 trozo de 20 cm de penca de maguey
- ½ cebolla blanca
- 1 cabeza de ajo a la mitad
- 3 hojas de plátano

Para servir:

- Tortillas hechas a mano
- ½ taza de cebolla picada
- ½ taza de cilantro
- 1 taza de limones por la mitad

Procedimiento:

Coloca en la olla exprés sobre una rejilla la penca y la mitad de las hojas de plátano bien lavadas. Sobre ella coloca la pieza de carne con el ajo y la cebolla. Pon ½ litro de agua en el fondo. Tapa con la misma penca y después con la tapa. Cocina en olla exprés aproximadamente una hora y media o hasta que esté bien cocida y se desbarate con un tenedor.

Valor Nutrimental

E (K/cal)	356
HC (g)	4
Pt (g)	30
LT (g)	520
Col mg	514
Fb (g)	1
Na (mg)	119
Ca (mg)	53

SAN MIGUEL REGLA, POR REGLA

Si decidiste aventurarte a Hidalgo, debes saber que hay mucho más que la mejor barbacoa del mundo; aquí, a tan sólo 31 km de Pachuca está un lugar realmente inolvidable: la Exhacienda de San Miguel Regla, un sitio que por regla, debes visitar.

Esta espectacular hacienda fue construida en el siglo XVIII por el primer Conde de Regla, con el propósito de dedicarse a la explotación o mejor dicho a la administración de la explotación de metales. Hoy en día sólo conserva buena parte del casco, los arcos de los patios centrales y los increíbles hornos desde los que se extraía la plata. La buena noticia es que gracias a un visionario proyecto turístico hoy funge

como un cómodo hotel en el que hospedarse se convierte en una experiencia que no debe perderse.

Por eso, yo cada vez que quiero recordar este sensacional lugar no dejo de preparar...

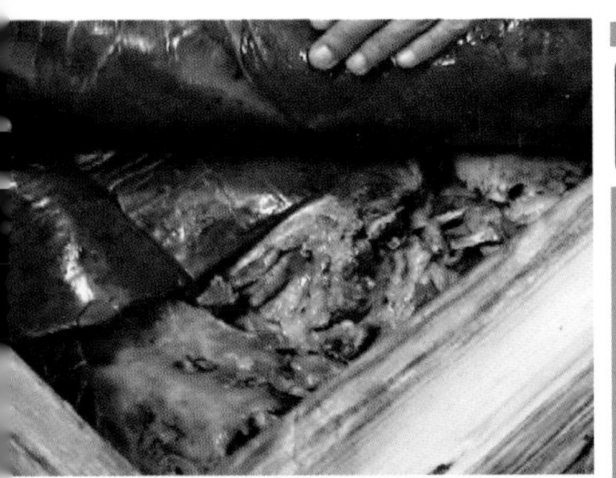

TACOS MINEROS DE BARBACOA

Ingredientes:

Para la salsa borracha:

- 8 piezas de chile pasilla, desvenados
- 3 dientes de ajo
- ½ cebolla
- 2 tazas de pulque

Para los tacos:

- 2 cucharadas de aceite
- ½ cebolla morada picada
- 2 tazas de barbacoa deshebrada
- 1½ tazas de papas cocidas, en cubos
- Un toque de Sal La Fina® y pimienta

Para servir:

- 12 tortillas de maíz hechas a mano

Decoración:

- 6 cucharadas de crema Lala®
- ¼ taza de queso añejo rallado
- ½ taza de hojas de cilantro
- 2 tazas de lechuga romana en juliana

Rendimiento:
12 porciones

Tiempo de preparación:
20 minutos

Procedimiento:

En un comal asa los chiles, el ajo y la cebolla, deja unos minutos y mezcla en tu licuadora con el pulque. Reserva.

En un sartén pon el aceite, tira la cebolla, la barbacoa y las papas, dale un poco de sabor con Sal La Fina® y pimienta.

Calienta en un comal las tortillas y rellena de la barbacoa, sirve con crema Lala®, queso añejo, hojas de cilantro y lechuga.

Valor Nutrimental

E (K/cal)	759
HC (g)	64
Pt (g)	18
LT (g)	45
Col mg	138
Fb (g)	2
Na (mg)	890
Ca (mg)	542

Pero además de la sensación de estar pisando la historia de nuestra nación, tendrás la oportunidad de presenciar un espectáculo geológico único, los prismas basálticos, que son formaciones rocosas a manera de columnas con más de 40 metros de altura y 80 centímetros de diámetro. Estos prismas están ubicados en la barranca de Alcholoya y se dice que se formaron por el enfriamiento acelerado del magma, producto de erupciones volcánicas que tuvieron lugar hace millones de años.

Por eso, inspirado en estas peculiares formas decidí inventar esta Torre de *Smores*.

TORRE DE SMORES

Rendimiento:
6 porciones

Tiempo de preparación:
5 minutos

Ingredientes:

- 12 galletas integrales
- 6 tablillas de chocolate
- 12 malvaviscos grandes

Procedimiento:

Coloca en un refractario las galletas y sobre la mitad de éstas, las tablillas de chocolate. Sobre la otra mitad coloca los malvaviscos.

Hornea en microondas 20 segundos y reposa 10 segundos antes de abrir.

Combina las galletas con chocolate con las galletas de malvavisco para formar una torre.

Valor Nutrimental

E (K/cal)	287
HC (g)	42
Pt (g)	5
LT (g)	11
Col mg	0
Fb (g)	2
Na (mg)	137
Ca (mg)	33

REAL DEL MONTE

Otro lugar que es indispensable visitar durante tu paso por Hidalgo es Real del Monte, pueblo mágico de nuestro hermoso país que te regalará hermosas postales.

La fundación de este lugar se remonta a la época colonial, el año de 1531, con la llegada de los conquistadores, aunque ciertos historiadores dicen que desde antes del descubrimiento los otomíes llamaban a este lugar "Maghotsi" que quiere decir "paso alto". En 1584 se fundó la cofradía de la Santa Veracruz, pero la primera capilla que se edificó fue demolida y sólo hasta 1736 volvió a levantarse el oratorio que hoy se conserva con su torre sur, la portada barroca y sus brillantes retablos dorados.

Ahora que si tus intereses son arriesgados, puedes visitar el tenebroso Panteón Inglés. Este cementerio fue hecho por los inmigrantes ingleses que llegaron a Real del Monte atraídos por las minas, y dentro de él podrás ver cómo las nostálgicas tumbas están orientadas hacia el mismo lugar, apuntando hacia Gran Bretaña... bueno, todas menos una, la del payaso Ricardo Bell, ya que él pidió que su lápida diera la espalda a sus ariscos paisanos.

PASTES

Rendimiento:
15 pastes

Tiempo de preparación:
60 minutos

Valor Nutrimental

E (K/cal)	526
HC (g)	64
Pt (g)	23
LT (g)	21
Col mg	38
Fb (g)	3
Na (mg)	563
Ca (mg)	118

Ingredientes:

Para el relleno:

1 k de filete de res bien limpio y molido
1 poro grande finamente picado
1 cebolla grande finamente picada
1 k de papas cortadas en cubitos
1 taza de perejil picado
1 chile verde picado
Sal La Fina®
Pimienta negra recién molida, al gusto

Para la masa:

1 k de harina
190 g de queso crema Lala®
225 g de mantequilla Lala®
Agua fría, la necesaria

Procedimiento:

Mezcla todos los ingredientes del relleno en un tazón hasta que se integren perfectamente, y reserva en tu refri.

Mezcla en un tazón la harina, el queso crema Lala®, la mantequilla Lala® y la Sal La Fina®, hasta formar bolitas de tamaño de un chícharo, añade poco a poco el agua fría hasta obtener una pasta, extiéndela con el rodillo sobre una mesa previamente enharinada, hasta que quede delgada, corta círculos de 12 cm de diámetro, pon un poco del relleno que habías reservado y dóblalas a la mitad, presiona las orillas con un tenededor para sellarlas perfectamente, y enrolla ligeramente las orillas. Hornea los pastes en horno precalentado a 250 °C aproximadamente 40 minutos.

MIXIOTES DE POLLO

Ingredientes:

- ¼ de k de chile ancho asado y limpio, hidratado en agua tibia
- 3 rajas de canela
- 7 clavos de olor
- ¼ cucharadita de orégano
- ¼ cucharadita de comino
- ¼ cucharadita de tomillo
- 3 dientes de ajo
- ¾ vaso de vinagre blanco
- 6 piezas de pollo
- 6 hojas de plátano o papel encerado y aluminio
- Sal La Fina® al gusto

Rendimiento:
6 porciones

Tiempo de preparación:
60 minutos

Procedimiento:

Muele los chiles junto con la canela, los clavos de olor, el orégano, el comino, el tomillo, el ajo y el vinagre. Licua hasta obtener una salsa espesa. Marina con esta mezcla las piezas de pollo, coloca una pieza de pollo en rectángulos de hoja de plátano o papel aluminio o encerado, ciérralos perfectamente para que no se salga el líquido y cocínalos al vapor aproximadamente 45 minutos.

Valor Nutrimental

E (K/cal)	366
HC (g)	30
Pt (g)	22
LT (g)	18
Col mg	68
Fb (g)	1
Na (mg)	890
Ca (mg)	78

MEXICO
ROSITA
CRUZAZUL
BIENVENIDOS
MARIA
DANIELA

Nuestras Tradiciones

México es un país lleno de tradiciones y a lo largo de estos 16 estados he reafirmado lo orgulloso que se siente ser ¡MEXICANO! Aquí te presento sólo una muestra de la gran herencia con la que contamos.

El Mariachi

Siempre un momento especial en México está acompañado por la música del mariachi. Este grupo musical originario del estado de Jalisco está formado por varios integrantes (de 7 a 15) que interpretan con sus guitarras, violines, trompetas y guitarrones canciones que nos ponen la piel chinita.

MIS FAVORITAS:

Mujeres Divinas, El Rey, México Lindo y Querido.

El Maíz

Ícono de nuestra cultura y energía para millones de hogares. En México lo consumimos de mil formas, éstas sólo dependen de la imaginación de cada persona.

MIS FAVORITAS:

Gordita *Tortilla hecha a mano que antes de cocinar se rellena el centro de la masa cruda con otro ingrediente. Yo prefiero las de chicharrón prensado y queso Lala®, pero hay muchos otros, échale imaginación.*

Tlacoyo *Tortilla gruesa, ovalada y larga, tradicionalmente hecha con maíz azul, rellena de frijoles o habas y cubierta con nopales, queso panela Lala®, cebolla picada y salsa.*

Huarache *Tortilla de maíz de forma alargada (como un huarache), cubierta con frijol, salsa y algún guisado. Yo prefiero los de bistec y queso panela Lala®.*

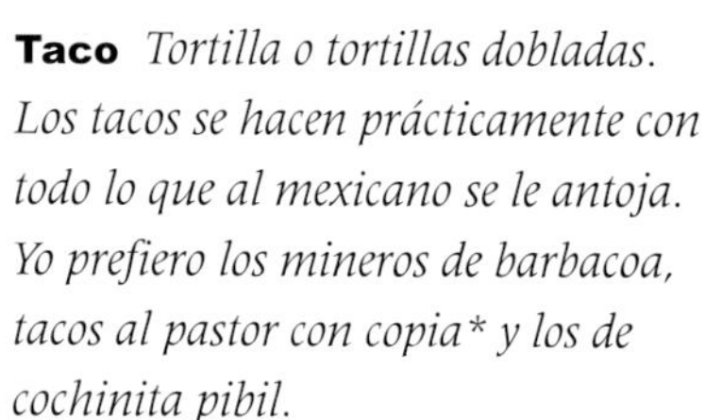

Tostada *Tortilla crujiente, la tradicional lleva una capa de frijol, lechuga, crema Lala® y queso manchego Lala® rallado. Yo prefiero las tostadas de pata.*

Taco *Tortilla o tortillas dobladas. Los tacos se hacen prácticamente con todo lo que al mexicano se le antoja. Yo prefiero los mineros de barbacoa, tacos al pastor con copia* y los de cochinita pibil.*

**Llámase al taco con doble tortilla que ayuda a economizar...*

El Pulque

Bebida alcohólica producida a partir del jugo fermentado del maguey. Estos jugos son conocidos como aguamiel y se concentran en el corazón de la planta antes que salga la flor del maguey.

MIS FAVORITAS:

La deliciosa salsa borracha con chile guajillo y un toque de pulque.

La Charrería

Es el deporte nacional. Consiste en diversas suertes a pie o a caballo que hacen del charro un verdadero héroe y atleta. La cuna de la charrería es el estado de Jalisco. Es una fiesta rodeada de buena comida, bebida, música y convivencia familiar.

SUERTES FAVORITAS:

La escaramuza, el jineteo y las manganas.

Los Dulces

A los mexicanos nos encanta el dulce y en nuestro país encontramos un sinfín de opciones. Son dulces que han pasado de generación en generación.

MIS FAVORITOS:

Dulces Cristalizados *Higo, acitrón, naranjas, limones, calabaza y camotes bañados por un jarabe hecho a base de azúcar que le da una consistencia dura y brillante. Yo prefiero el acitrón.*

Dulces de coco *Hechos a base de coco y un toque de azúcar. Los encontramos en diferentes presentaciones: cocadas, veladoras, barras de nuez, barra blanca, yemitas y rompe muelas. Las cocadas son originarias de Acapulco. Yo prefiero la cocada.*

Dulces de leche *Hechos a base de leche, azúcar y esencia de vainilla. En México encontramos jamoncillos, mostachones y obleas con cajeta o paletas de cajeta. Yo prefiero el jamoncillo.*

Palanquetas *Dulce hecho a base de cacahuate y almíbar de azúcar. También existen palanquetas de pepita verde y amaranto. Yo prefiero las tradicionales de cacahuate.*

Obleas *Galletas planas hechas a base de harina, agua y sal. Las encontramos de todos colores y con pepitas pegadas con caramelo en las orillas. Yo prefiero ¡¡¡todas!!!*

Los Juguetes

En las calles de nuestro país podemos ver niños jugando con juguetes que tienen siglos de existir, y estoy seguro que nunca pasarán de moda.

MIS FAVORITOS:

El trompo *Objeto que gira sobre su propio eje impulsado por una cuerda enrollada a su alrededor con la que es lanzado al suelo. Mi truco favorito: hacerlo bailar en la palma de la mano.*

El balero *Jugarlo es un arte. Tallo de madera unido con una cuerda a una bola o barril pequeño. El objetivo es ensartar el tallo en el hueco del barril.*

Lotería *¡El Sol! ¡La Sirena! ¡El borracho! Imágenes representativas del arte popular mexicano, acompañadas de mucha diversión; sólo necesitas un poco de suerte para gritar ¡¡LOTERÍA!!*

Yo-yo *Disco de madera con una ranura profunda alrededor de la cual se enrolla un cordón amarrado en un dedo, que lo impulsa para subirlo y bajarlo. Mi truco favorito: el columpio.*

Canicas *Pequeñas bolitas de vidrio que se impulsan con la fuerza del dedo pulgar para tratar de aproximarse a las demás y tocar la canica del contrario. Mis preferidas: las de las ferias.*

Nuestros Quesos

Un ingrediente que no puede faltar en las cocinas mexicanas es el queso. En nuestro país tenemos una gran variedad que además de ser saludables, llenan de sabor nuestros platillos.

MIS FAVORITOS:

Oaxaca *En México decimos que una quesadilla sin queso Oaxaca no es quesadilla. Originario de la región de Valles Centrales, en el estado de Oaxaca era conocido como quesillo. El queso Oaxaca se ha convertido en el queso favorito por la forma en que sus hebras se derriten llenando de sabor nuestros alimentos. Yo lo prefiero en las tlayudas.*

Panela *El camaleón de los quesos; lo bauticé así porque absorbe el sabor de otros ingredientes dándole un toque ideal a nuestros platillos. Un queso muy mexicano hasta en su moldeado, ya que simula las marcas de una canasta. Yo lo prefiero en los chiles rellenos.*

Queso adobera *Queso blando, sazonado con un poco de chile. Su sabor y aroma son suaves. Su nombre proviene de su forma que asemeja a la forma de un adobe rectangular.*

Manchego *Queso de origen español que los mexicanos hemos adoptado como nuestro. Su sabor suave y de fácil gratinado lo hacen uno de los favoritos de los mexicanos. Yo lo prefiero en enchiladas verdes.*

Chihuahua *Originario del estado de Chihuahua. Su particular color amarillo y su inconfundible sabor lo destacan entre los demás. Yo lo prefiero en las quesadillas de hongos.*

Queso Crema *Queso untable de sabor suave, fresco y cremoso, ideal para preparar platillos salados y dulces. Mi favorito: cheescake de Morelia*

Cottage *Uno de los quesos más saludables, reducido en sales y grasas. Es el mejor compañero para las personas que cuidan su alimentación y su peso. Yo lo prefiero en un desayuno con melón.*

Despedida

Sabor, tradiciones y experiencias, sin duda son los ingredientes principales que integran este libro que fue posible realizar gracias a ti.

VOLVER A COMENZAR

Dicen que eso es la vida, un volver a empezar continuo; así pues, esto no es el final de... sino todo lo contrario. Estas líneas representan el inicio de México Saludable II, pues las estoy escribiendo nuevamente con mi sartén en la maleta desde un lugar paradisiaco, la nueva joya de México, La Riviera Nayarit, específicamente desde Punta Mita, y creo que no pude encontrar mejor lugar para volver a comenzar. El intenso brillo del amanecer reflejado en la arena blanca, que poco a poco se humecta con el ir y venir de éste, el inigualable mar del Pacífico mexicano, me da la motivación necesaria para continuar descubriendo un poco más del país más hermoso del mundo: México.

Ahora desde aquí comenzaremos el recorrido entrando por la "Puerta de Chihuahua", pasaremos por el desierto más grande de Norteamérica en Coahuila y probaremos su tradicional mochomo; en Zacatecas viviremos sus charreadas que seguro nos dejarán con tanta hambre como para arrasar con varias porciones de su asado de boda. Llegaremos a Durango y de ahí a Tamaulipas y sus singulares tortas de la barda, bajaremos por toda la Península de Baja California en barco para conocer el denominado acuario más importante del mundo y llegaremos hasta la región productora de fresas, vinos, quesos y sus únicos tacos de langosta. Por supuesto que iremos a ver el mayor espectáculo de luces que se presenta en nuestro país, esto en el tradicional San Luis Potosí, para seguir hasta Real de Catorce, y después de comer las inigualables

enchiladas potosinas, viajaremos hasta Nuevo León, ícono del México industrial; comeremos cabrito machacado, una discada y cerraremos seguramente con sus dulces glorias. Bajaremos por Guanajuato, tierra del calzado y sus tradicionales dulces típicos; tocaremos costa en Mazatlán, Sinaloa, con los mejores callos que he comido. En fin, como ves, se me hace agua la boca sólo de pensar en nuestro siguiente recorrido. "Volver a comenzar" es la frase que podemos aplicar cada vez que salga el sol, "volver a comenzar", claro, con nuevos y mejores hábi-

tos. Ejercicio y buena alimentación, esa es la mejor receta que te puedo compartir, porque como siempre he dicho, "sí se puede comer rico y sano". Me despido por ahora desde Punta Mita, Nayarit, con mi primer mojito de mango del día y la mejor de las compañías.

¡SABOR! Oropeza®

ALFREDO OROPEZA

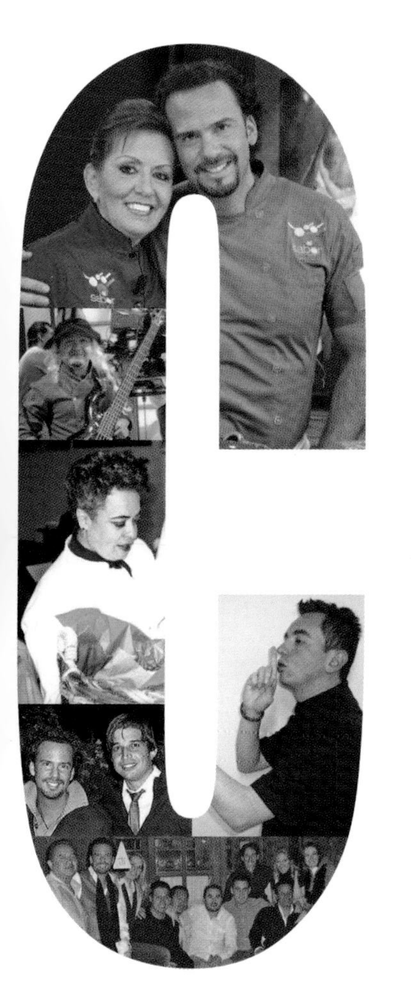

Chefs que participaron:

Alicia Gironella De'Angeli
Thierry Blouet
Mari Celis de de Antuñano
Jorge Álvarez
Raúl Traslosheros
Margarita Carrillo de Salinas
Aquiles Chávez
Lucero Soto
Federico López
Ricardo Muñoz Zurita
Abdiel Cervantes
Alfonso Jarero
Sra. Ana Laura Rojas Fuentes
Sra. Martina Escobar
Gerardo Vargas Alemán
Guadalupe García de León

Bibliografía

- ***Larousse de la Cocina Sana***
  Paule Nathan
- ***Guía de la Comida Sana***
  Michael Van Straten
- ***Techniques of Healthy Cooking***
  The Culinary Institute of America
- ***Cocina Mexicana para el Mundo***
  Alicia Gironella De Angeli
- ***Cocina Mexicana del Siglo XX***
  Jairo Mejía
- ***Cocina Mexicana: Baja en Carbohidratos***
  Equipo Editorial Logos

Índice de recetas

Pa Picar	Botanas
Refrescate	Ensaladas
Sopas	
Los Principales	Platos Fuertes
Recompensas	Postres
Bebidas	

Méxio saludable I

1ª edición. abril, 2009

Bradley 52, Colonia Anzures. 11590, México, D.F.

www.edicionesb.com.mx

ISBN: 978-607-480-022-7

Dirección General
Comunicaciones Culinarias, S. de R.L. de C.V. Tel: 4159-3321

Diseño
Burak & Asociados, S.C.

Estilismo de Alimentos
Foodstylist Arte en Gastronomía, S.A. de C.V.

Fotografía
Edgar Espinoza, Alejandro Vera
Nino Canún

Nutrióloga
Lic. en Nutrición María Cristina Guzmán Bárcenas. MAPA Calidad y Desarrollo de Alimentos, S.C.

Otras publicaciones
"Nueva Cocina Saludable del Chef Oropeza", "La Nueva Cocina Saludable II del Chef Oropeza"
"Con Son y Sazón" y "La Nueva Cocina Saludable del Chef Oropeza"

www.cheforopeza.com.mx

México saludable I, de Alfredo Oropeza
se terminó de imprimir en
Quebecor World S.A. de C.V.
Fracc. Agro Industrial La Cruz
El Marqués Querétaro
México